LA VIEILLESSE D'UN GRAND ROI,

DRAME EN TROIS ACTES ET EN PROSE

Par MM. Lockroy et Arnould,

Représenté pour la première fois, à Paris, sur le Théâtre-Français, par les Comédiens ordinaires du Roi,
le 28 mars 1837.

PERSONNAGES.	ACTEURS.
LOUIS XIV.	M. Volnys.
LE DUC DU MAINE, fils du roi et de Mme de Montespan, l'aîné des enfans légitimés.	M. Provost.
LE COMTE DE TOULOUSE son frère.	M. Marius.
LE CHEVALIER D'ARCY, premier écuyer du duc d'Orléans. .	M. Menjaud.
SIMON, vieux prêtre.	M. Samson.
LE CHANCELIER	M. Colson.
BLOIN, valet de chambre du roi.	M. Arsène.

PERSONNAGES.	ACTEURS.
UN HUISSIER	M. Alexandre.
Mme DE MAINTENON.	Mlle Mante.
Mlle DE CHAUSSERAIE.	Mlle Mars.
Mme DE QUAILUS,) dames fami-)	Mlle Noblet.
Mme D'ANGEAU. . (lières de (	Mme Thousez.
Mme D'O . . . . . . (Mme de (	Mlle Aglaé.
Mme DE LÉVI. . .) Maintenon.)	
LE PREMIER PRÉSIDENT DU PAR-)	
LEMENT . . . . (	personnages muets.
COURTISANS, DAMES. . . . . .)	

ACTE PREMIER.

Un salon de Versailles. Galerie au fond, menant à la chapelle. Porte à gauche, conduisant dans les petits appartemens du roi. Porte à droite allant chez Mme de Maintenon.

SCENE PREMIERE.

Mme DE MAINTENON, LE DUC DU MAINE.

Mme Maintenon est assise ; le duc du Maine appuyé sur son fauteuil.

LE DUC. Fagon s'obstine à ne pas le voir malade, et il lui disait hier au soir encore que, s'il voulait s'abstenir de manger des sucreries en aussi grande abondance, sa santé redeviendrait ce qu'elle était par le passé ; il s'est plaint aussi de la grande quantité d'épices que l'on fait entrer dans l'assaisonnement des viandes et qui rendent ses remèdes inutiles ; puis il est allé faire une scène aux maîtres d'hôtel Livri et Benoît, qui lui ont répondu que c'était à eux à faire manger le roi, et à lui à le purger.

Mme DE MAINTENON. Fagon se fait vieux, et ne sait ce qu'il dit : je vois mieux que lui l'état de dépérissement de Louis XIV...

Croyez-moi, Dieu a marqué cette année 1715 pour être témoin d'un grand événement : il est temps de songer à l'avenir.

LE DUC. Nos ennemis s'en occupent pour nous, madame : déjà les princes du sang ne cachent plus leurs projets contre nous, et Mme la duchesse a dit tout haut : Si le roi meurt, la Maintenon ira à Rome retrouver Mme des Ursins : ces deux femmes ont joué un grand rôle dans les deux royaumes ; elles prouveront que tôt ou tard les intrigans et les fourbes sont punis.

Mme DE MAINTENON. Ces menaces, monsieur du Maine, nous indiquent assez ce qui nous manque, et ce qu'il faut que nous obtenions à tout prix. (*Lui tendant la main.*) Si l'affection que vous avez toujours témoignée à celle qui vous a élevé et dont vous avez épousé les intérêts contre votre propre mère, si cette affection, dis-je, ne m'assurait de votre dévouement, la nécessité seule me répondrait de vous. C'est quand le danger approche que notre situation nous apparaît nette et précise, et l'on s'aperçoit alors que ce que l'on avait fait jusque là par instinct, il faut le continuer par calcul. Notre intérêt est le même en effet : la famille de Louis XIV ne nous a jamais pardonné, à vous votre naissance, à moi mon élévation. Si nous étions demeurés, vous sans droits, moi sans titre, nous serions sans ennemis aujourd'hui ; mais il a fallu que le roi, pour ennoblir ses faiblesses, ou pour les légitimer, fît de votre frère et de vous des princes du sang, de moi sa femme... Tant qu'il vivra, l'édit qui vous nomme Bourbon et vous appelle à la couronne à défaut d'héritiers directs sera respecté ; nul n'osera méconnaître mon rang ou y porter atteinte... lui mort, tout nous échappe, parce que tout est d'emprunt ; je ne suis plus la veuve du roi, mais la maîtresse du feu roi, c'est-à-dire une femme sans nom, sans soutien, haïe de tous, à cause du rang qu'elle avait usurpé.... Vous, vous tombez du faîte où l'on vous a placé, pour devenir le fils obscur de Mme de Montespan, le bâtard de Louis XIV, né d'un double adultère... Ainsi cet échafaudage de grandeur, élevé pour tous deux avec tant de patience et de soin, chancelle et va s'écrouler sous nos pieds faute d'un point d'appui... c'est au roi à nous le donner, à conserver après lui son ouvrage ; il le peut encore, et je l'obtiendrai.

LE DUC. « Le chancelier, qui est à nous » comme tout ce qui entoure le roi, a eu » hier une longue conversation avec lui : » il a osé hasarder quelques réflexions » sur l'avenir , et, après avoir récapitulé » tous les événemens de ces trois dernières » années, la mort successive de tous les » enfans de France, fils ou petits-fils de » Louis XIV, il s'est demandé s'il n'y aurait pas quelque imprudence à laisser le » jeune dauphin, seul rejeton de la famille » royale, à la merci du prince que nos lois » appellent à la régence ? Quoi ! s'est écrié » le roi, mon neveu ne s'est-il pas lavé de » toutes les calomnies dont on l'a noirci?... » Sire, a repris le chancelier, la France » entière frémirait de lui voir la direction » du royaume, dans le cas où votre majesté viendrait à mourir... Le roi alors » a levé les yeux au ciel avec un profond » soupir ; puis il s'est promené quelques » instans, laissant échapper des mots comme » ceux-ci : Cela est faux!... mon Dieu! » épargnez-moi!... la France entière!... » Et, en cela, le chancelier n'avait pas » menti, car ces bruits d'empoisonnement, dont vous et moi connaissons la » fausseté, ont été si bien accrédités par » nos gens, qu'ils sont devenus le bruit » public... le prince qu'ils attaquent en » est complètement victime et demande à » grands cris qu'on lui fasse au moins » son procès pour qu'il puisse prouver » son innocence. »

Mme DE MAINTENON. « C'est à cela que » nous devions en venir : ses droits de » premier prince du sang l'appelaient à » la régence ; on ne pouvait ni les détruire, ni les oublier en votre faveur, » sans soulever tout le monde ; il fallait » les annuler... Haï et méprisé maintenant, le testament qui lui enlèvera l'autorité pour vous la confier sera trouvé » juste et approuvé de tous : nous restons » les maîtres après la mort du roi, et la » ligue des princes est impuissante... Mais » ce mot testament est cruel à prononcer » devant un homme si souvent traité en » immortel ; aussi suis-je obligée de prendre les plus grands détours avec lui. Ce » qu'a dit le chancelier, je l'ai dit cent » fois et de cent manières ; rien de tout » cela n'est perdu , mais le roi ne va pas » au-devant de ce que nous avons à lui » demander et je voudrais l'y amener. » De quelle humeur est-il ce matin ?

LE DUC. Très-gaie... vous savez qu'il a annoncé hier qu'il entendrait la messe dans la chapelle, ce qui ne lui est pas arrivé depuis bien des années, et aujourd'hui, en vérité, sa santé paraît rétablie.

Mme DE MAINTENON. Croyez-moi, c'est en continuant à l'amuser par des spectacles et des fêtes que nous obtiendrons de lui ce que nous voulons. L'arrivée de cet ambassadeur de Perse, sa réception, l'empressement et le zèle que vous déploierez pour que la cour y paraisse avec magnificence, feront plus pour vous que tous mes discours. De tous les moyens de plaire à Louis XIV, le plus sûr est de paraître jaloux de sa gloire : le temps ne l'a pas corrigé de son goût pour le faste et la représentation. N'oubliez donc rien de ce qui pourra le flatter, et laissez-moi le soin du reste.

LE DUC. Votre expérience et vos bontés, madame, m'ont habitué dès l'enfance à vous obéir aveuglément.

Mme DE MAINTENON. Le comte de Toulouse n'a pas paru au château ce matin ?

LE DUC. Je l'ai laissé au lever du roi, parfaitement étranger à nos desseins, qu'il a toujours ignorés, au reste, en toutes circonstances... Mon frère, vous le savez, est un homme sans ambition comme sans haine, qui se résignerait volontiers à vivre obscur pour vivre tranquille, et qui, j'en suis certain, pousse l'oubli de ses intérêts jusqu'à se reprocher au fond du cœur les faveurs dont le roi l'a comblé, parce qu'il les regarde comme enlevées à d'autres.

Mme DE MAINTENON. En effet... Chut ! voici du monde.

∞∞∞∞∞∞∞∞∞∞∞∞∞∞∞∞∞∞∞∞∞∞∞∞∞∞∞∞∞

SCENE II.

Mme DE MAINTENON, LE DUC DU MAINE, Mmes D'ANGEAU, DE LÉVI, D'O, DE QUAILUS, COURTISANS, *puis* LE CHANCELIER.

Mme DE MAINTENON , *d'un air empressé.* Eh ! venez donc, mesdames, je vous attends et m'impatiente de ne pas vous voir : songez que l'on vous a nommées mes familières, mes inséparables, et que je n'ai rien tant à cœur que de vous voir justifier ce titre.

Mme DE QUAILUS. Nous nous efforcerons de le mériter , madame, puisque votre bonté nous y autorise. Mme d'Angeau et moi nous sommes déjà présentées chez vous, et nous ne pouvions croire que vous fussiez sortie si matin.

Mme DE MAINTENON. J'allais chez le roi... sa majesté est bien, tout-à-fait bien... Fagon répond de tout, et l'on peut s'en fier à sa science... vous me voyez tout heureuse et toute rassurée.... Dieu garde encore de longues années de règne à Louis XIV , et je m'en réjouis avec la France.

Mme DE QUAILUS. Cette nouvelle ne me

surprend en aucune façon, madame ; je n'ai jamais douté du prompt rétablissement de sa majesté.

Mme D'ANGEAU. Ni moi.

Mmes D'O *et* DE LÉVI. Ni moi.

TOUS LES COURTISANS. Ni moi.

LE DUC. Je vous le disais bien, madame, vous étiez seule à vous alarmer.

Mme D'ANGEAU. La cour était si loin de partager vos inquiétudes, madame, qu'elle n'est occupée que de l'arrivée à Paris de l'ambassadeur de Perse.

Mme DE QUAILUS. J'ai voulu le voir. Tout ce qu'il y a de gens de qualité afflue dans ses appartemens , et les dames en si grand nombre, que nous étions plus de quarante dans sa chambre.

LE DUC. Vous me rappelez qu'il s'est passé hier une scène des plus plaisantes entre lui et l'introducteur des ambassadeurs, M. de Breteuil. « Il s'agissait de le
» faire venir à Versailles. Le Persan exi-
» geait qu'on lui amenât un carrosse du
» roi, dans lequel il se placerait seul, M.
» de Breteuil à la portière ou derrière,
» à son choix ; il devait ensuite monter à
» cheval, ne voulant pas, disait-il, faire
» son entrée à Versailles dans une boîte.
» M. de Breteuil, fort de ses droits, at-
» taché à l'étiquette et très-piqué de la
» proposition, insistait pour l'accompagner
» autrement que derrière sa voiture, et
» prétendait s'y placer à côté de lui. L'am-
» bassadeur ne voulait pas en entendre
» parler. Tout-à-coup, et au milieu de
» la discussion, il se leva et alla dans la
» cour saisir la bride d'un cheval pour
» partir et faire son entrée tout seul, sans
» le secours d'aucun chrétien. M. de Bre-
» teuil, perdant patience, le menaça de le
» faire descendre de cheval et fit fermer
» les portes. Le Persan crut qu'on allait
» le faire prisonnier, descendit de cheval,
» et alla se remettre sur son tapis , dans
» sa chambre. Toute cette scène avait en
» lieu par signes. Enfin chacun se ra-
» doucit : l'ambassadeur perdit de sa
» morgue, M. de Breteuil s'apaisa, et le
» Persan lui donna une orange en signe
» de raccommodement. »

On rit.

Mme DE MAINTENON. « Ceci, monsieur,
» ressemble un peu aux contes que vous
» faites pour amuser le roi. »

LE DUC. « Non, en vérité, madame, c'est
» de l'histoire. » Cet honnête Persan ne peut se soumettre à nos usages; notre cérémonial le choque, et M. de Breteuil, qui ne s'est jamais trouvé à pareille fête, sue sang et eau pour en venir à son hon-

neur. Demandez plutôt à M. le chancelier.

LE CHANCELIER, *qui est arrivé quelques instans avant.* Cela est vrai, madame, et monseigneur aurait pu ajouter que M. de Breteuil a déclaré qu'il se déferait de sa charge s'il arrivait encore des ambassadeurs de ce pays-là.

On rit de nouveau. Tout le monde s'éloigne.

Mme DE MAINTENON, *bas au chancelier.* Rien de nouveau, monsieur?

LE CHANCELIER. Le roi vient d'attacher à la personne de l'ambassadeur l'interprète des langues orientales, Dipi, dont je me défie.

Mme DE MAINTENON. Vous aviez quelqu'un de sûr?

LE CHANCELIER. Oui.

Mme DE MAINTENON, *réfléchissant.* C'est fâcheux.

UN HUISSIER, *annonçant.* Le roi !

ＯＯＯＯＯＯＯＯＯＯＯＯＯＯＯＯＯＯＯＯＯＯＯＯＯＯＯＯＯＯＯＯＯＯＯ

SCENE III.

LES PRÉCÉDENS, LE ROI, *suivi de plusieurs seigneurs*, LE COMTE DE TOULOUSE.

LE ROI, *à Mme de Maintenon.* Je me rendais chez vous, madame, et vous avez la bonté de m'épargner la moitié du chemin !

Mme DE MAINTENON. C'est une attention dont personne ne me tiendra compte en voyant l'air de santé de votre majesté.

LE ROI. Oui, je suis mieux.... (*Saluant les dames.*) Mesdames....... (*A M. du Maine.*) Bonjour, monsieur du Maine : savez-vous que nous venons de projeter, votre frère et moi, une grande chasse, et que je ne désespère pas d'y assister?

LE DUC. Sire, à votre place, j'aurais plus de confiance dans ce remède-là que dans tous ceux de la faculté.

LE ROI, *souriant.* Gardez-vous de dire cela devant Fagon, il ne vous le pardonnerait pas. Ah ! madame de Quailus, je voudrais vous restituer vos deux mille louis, en vous priant d'être tantôt de ma partie; mais je crains de vous ruiner encore.

Mme DE QUAILUS. J'en ai deux autres mille tout prêts, sire, et ce n'est pas acheter trop cher l'honneur que vous me faites.

LE ROI. A tantôt, alors.

Mme DE QUAILUS, *à part.* Si le roi n'en dit pas autant à Mme d'Angeau, elle en tombera malade de dépit.

LE ROI, *à Mme de Maintenon.* Prenez mon bras, madame, on nous attend à la chapelle. (*Apercevant Mme d'Angeau qui fait tous ses efforts pour être remarquée.*) Madame la marquise se rangera-t-elle du parti de mes adversaires?

Mme D'ANGEAU. Sire, on n'est jamais heureux contre votre majesté; je parie pour elle.

LE ROI. C'est une chance de plus que vous me donnez.

Mme DE QUAILUS, *à part.* A la bonne heure, voilà Mme d'Angeau heureuse, elle a été remarquée.

Mme DE MAINTENON, *qui commence à s'éloigner avec le roi.* Cet hommage rendu à votre gloire par le plus grand monarque l'Asie ne saurait être environné de trop d'éclat, et je suis tout-à-fait de l'avis de M. du Maine, qui veut que la cour déploie en cette occasion une magnificence digne de deux si puissans princes.

Mme DE QUAILUS, *à Mme d'Angeau, pendant que le roi et Mme de Maintenon sortent, ainsi que MM. du Maine, de Toulouse, et les courtisans.* En vérité, je ne reconnais plus Versailles : il n'est bruit que d'ambassade, de cérémonie pompeuse... Est-ce que nous allons en revenir au temps des fêtes et carrousels ? Je le voudrais.

Mme D'ANGEAU, *en s'éloignant.* Jamais je n'ai vu Mme de Maintenon si gaie, M. du Maine si radieux et la cour si animée. Je ne comprends rien à cette métamorphose.

Mme DE QUAILUS. Ni moi.

Mme D'ANGEAU. Attendons.

Mme DE QUAILUS, *gaîment.* Et profitons.

Pendant ces derniers mots, Simon et d'Arcy, qui sont arrivés au moment où les courtisans s'éloignaient, entrent dans le salon et se rangent pour laisser passer ces dames.

ＯＯＯＯＯＯ ＯＯＯＯＯＯ ＯＯＯ ＯＯＯＯＯＯＯＯＯ ＯＯＯＯＯＯＯＯＯＯＯＯＯＯ

SCENE IV.

D'ARCY, SIMON.

SIMON. C'était le roi qui marchait le premier?

D'ARCY. Oui, et je suis fâché que nous ne soyons pas arrivés plus tôt pour le voir passer.

SIMON. Moi qui ne le connais pas... si nous le suivions?

D'ARCY. Je ne pourrais vous faire entrer à la chapelle.

SIMON. Ah !... Au fait, mon cher chevalier, on ne va peut-être pas me laisser ici.

D'ARCY. Soyez sans crainte : ces salons étaient ceux de Louis XIV ; mais depuis bien des années ils sont inhabités, et le roi ne quitte plus les petits appartemens.

SIMON. Que cela est beau ! quel palais ! tout en pierres de taille ?

D'ARCY, *souriant*. Oui.

SIMON. Oh ! vous riez... vous vous moquez... tout cela vous paraît ordinaire à vous autres gens de cour , mais pour un pauvre provincial comme !moi... Je n'ai jamais rien vu de pareil au monde. Quelle richesse !.. et ces immenses jardins , ces allées à perte de vue que nous venons de traverser... Il me semble que nous visitons ensemble un palais de fées.

D'ARCY. Celle qui règne ici se tient presque toujours cachée au fond de sa demeure , et gouverne sans se montrer. Elle s'appelle Maintenon, et tient dans ses mains les destinées de la France. Tout ce qui se heurte à son pouvoir est brisé, car elle a pris pour baguette le sceptre d'un roi. Ce roi ne vit plus que de nom : c'est un vieillard sans force et sans énergie, qu'elle a fait passer autrefois de l'amour à la dévotion pour le détacher de ses maîtresses, et qu'elle a ramené plus tard de la dévotion à l'amour pour se l'assurer. Ils ont vieilli ensemble , et ce qu'il a perdu en volonté par les années , elle l'a acquis en ascendant par l'habitude. Comme ces fées malfaisantes des anciens contes, elle est vieille et ridée; mais elle a de plus qu'elles le sourire doux , la parole mielleuse, les manières simples et prévenantes. Telle est la magicienne dont le pouvoir pèse sur nous, que ses ennemis n'osent braver, que ses amis redoutent au fond du cœur, la veuve de Scarron, la maîtresse des Villarceaux et de tant d'autres, la femme de Louis XIV.

SIMON. Ah ! mon Dieu ! que m'apprenez-vous là , mon cher chevalier ? et le roi se laisse gouverner par elle ? dam ! quand on est vieux... tout le monde n'a pas assez de caractère... Ainsi c'est à elle que l'on doit...

D'ARCY. La révocation de l'édit de Nantes, les dragonnades qui en ont été la suite et tous les actes odieux qui ont souillé ces vingt dernières années. Je vous parle ainsi, mon père , parce que je suis sûr que l'habit que vous portez ne vous fait pas oublier que les protestans sont des hommes.

SIMON, *mystérieusement*. J'en ai recueilli une famille chez moi... chut !

D'ARCY, *lui serrant la main*. Bon... excellent, toujours !

SIMON. De bien braves gens, en vérité : le père, la mère, trois enfans..... tout ça joue avec moi... dam ! ils ne sont pas très-heureux , parce que je ne suis pas riche...

enfin, nous partageons. Allons, vous me faites bavarder sur des choses indifférentes... revenons à ceci, qui m'intéresse ; à ces beaux jardins que l'on aperçoit.

D'ARCY. C'est là que, pour plaire à Mme de Montespan , Louis XIV donnait ces fêtes splendides dont le récit paraît une merveille à ceux qui n'en ont pas été témoins ; car ce roi , de volonté si absolue , n'a jamais été que le reflet de ses ministres et de ses maîtresses. Colbert lui inspira l'amour des arts, Louvois celui des conquêtes: il dut à La Vallière le goût de la galanterie, à Mme de Montespan celui de la magnificence ; Mme de Maintenon l'a fait dévot.

SIMON. J'ai entendu parler de ces fêtes... et maintenant ?...

D'ARCY. Tout est devenu silencieux et sombre comme la favorite.

SIMON. Je ne sais si cela tient à ce que vous me dites, mon ami, mais ce palais, que je trouvais si brillant tout-à-l'heure, me paraît triste et désert à présent.

D'ARCY. Il l'était avant même que la mort eût moissonné toute la famille de Louis XIV ; juste punition d'un roi qui s'était cru assez au-dessus des autres hommes pour s'affranchir des règles de morale qui les régissent. Ses désordres même, il les avait offerts au respect des peuples : il avait des bâtards, il lui fallait encore une maîtresse; la maîtresse voulut être femme, les bâtards prétendirent s'égaler aux légitimes. De là leur alliance, de là les concessions successives qu'il a fallu leur faire, l'éloignement des héritiers du trône, leur spoliation, l'asservissement du monarque. Louis XIV, isolé de ceux qui devraient l'entourer, privé de sa famille que la mort lui a ravie , séparé des princes du sang , qu'on a écartés ou calomniés, est resté seul à la merci de la favorite , prêt à ratifier de son nom les usurpations qu'elle voudra tenter. Je ne sais si tout cela vous paraîtra l'effet du hasard, mais je vois , moi , dans l'état d'anéantissement de ce prince si absolu, dans la solitude de ce père privé de sa race légitime , une haute leçon, un grand enseignement. Je puise dans la dernière partie de ce long règne une idée qui me frappe : c'est que Mme de Maintenon est le châtiment de Louis XIV, l'être providentiel choisi pour lui faire expier le scandale et l'orgueil de sa vie passée.

SIMON. Je commence à croire que vous avez raison , mon ami, et Dieu veuille qu'un pareil exemple ne soit pas perdu !

SCENE V.

D'ARCY, SIMON, Mlle DE CHAUSSE-RAIE.

Mlle DE CHAUSSERAIE, *s'arrêtant dans la galerie du fond en apercevant d'Arcy.* Vous ici, mon ami ?.... Ma femme de chambre m'a fait tenir un billet à la chapelle pour m'avertir que vous étiez chez moi, et je m'empressais d'y courir.

D'ARCY. Je m'y suis présenté en effet, et, vous sachant à la messe du roi, j'ai profité de votre absence pour faire voir le château de Versailles à une personne qui ne le connaissait pas, et que je vous prie d'accueillir comme mon meilleur ami.

Mlle de Chausseraie et Simon se saluent.

SIMON, *bas à d'Arcy.* C'est cette dame chez qui nous avons été ? Mlle de Chausseraie... hein ?

D'Arcy lui fait signe que oui.

D'ARCY. Je vous présente une de vos vieilles connaissances; quelqu'un dont vous m'avez entendu parler bien souvent.

Mlle DE CHAUSSERAIE. Ah! vous allez vous mettre dans une position fâcheuse si ma mémoire ne me sert pas.

D'ARCY. Je ne crains pas qu'elle ait oublié mon premier maître, dont je ne me suis jamais rappelé les bontés qu'avec attendrissement.

Mlle DE CHAUSSERAIE. Ah! monsieur Simon?... cet excellent homme qui vous apprenait le latin et avait toujours des bonbons dans ses poches, que vous faisiez enrager régulièrement tous les jours, et qui vous corrigeait une fois par hasard... ce que j'ai peine à croire même en le voyant.

SIMON. Je vous demande pardon, madame. Comment? il vous a raconté tout cela ? vous savez qu'il m'est arrivé quelquefois de le... Ça fait un drôle d'effet de penser qu'un grand garçon a pu recevoir... enfin! oui, oui, j'étais un peu vif, mais il ne m'a pas gardé rancune. Voyez-vous, madame, ce que vous me dites, et la manière dont vous le dites, ça me va au cœur, ça me touche jusqu'aux larmes... je voudrais pouvoir aussi vous exprimer à l'un et à l'autre... mais ça me tient là... enfin je suis bien heureux, madame.

D'ARCY, *à Mlle de Chausseraie.* Vous avais-je trompée ?

Mlle DE CHAUSSERAIE. Oh! non. (*Tendant la main à Simon.*) Je suis comme vous l'amie du chevalier d'Arcy, monsieur Simon, et, à ce titre, je vous prie de compter sur mon affection.

SIMON. Croyez, madame...

Mlle DE CHAUSSERAIE. Et, dites-moi, quel heureux hasard vous amène à Versailles?

SIMON. Ah! voilà, madame, c'est une histoire.

Mlle DE CHAUSSERAIE. Vraiment?

SIMON, *se retournant vers d'Arcy.* Faut-il la raconter ?... Pardon, madame, je demande cela parce que je pourrais vous ennuyer, et vous mettez les gens si à l'aise qu'involontairement on se laisserait aller... (*A d'Arcy.*) Oui ?... il n'y a pas d'inconvénient? je peux ?... (*A Mlle de Chausseraie.*) Voilà, madame, je vais vous la dire. Je vis retiré depuis bien des années dans un petit bourg aux environs de Châlons... c'est mon pays, je suis né en Bourgogne. J'avais une petite cure autrefois; mais je l'ai quittée par suite de démêlés avec mon évêque, qui me trouvait trop indulgent... moi, je crois que la sévérité ne mène à rien... ce n'est pas là l'affaire. J'ai un neveu, deux nièces et une gouvernante. On nous a souvent plaisantés sur nos gouvernantes et nos nièces; mais celles-là sont bien véritablement ce que je dis, madame, ni plus ni moins, vous pouvez m'en croire. Voilà trente ans que nous vivons tous ensemble; mais, depuis dix années, la maison n'est plus tenable : ce sont des querelles continuelles de nièce à nièce, de neveu à servante. L'intérêt les a désunis; ils me tourmentent sans pitié, et tout cela pour mon héritage, qu'ils se disputent à l'avance... oui, madame, c'est affreux, mais ils ne s'en cachent pas. Je leur ai dit bien des fois : Prenez garde! vous serez cause que je ferai un coup de tête... je suis trop malheureux d'abord... je m'en irai... Ils n'ont pas tenu compte de mes menaces, et comme le tapage recommençait de plus belle, un matin j'ai fait mon paquet, ça n'a pas été long, j'ai du caractère; je suis sorti par la petite porte du jardin, le cœur gros, les yeux pleins de larmes, parce que je les aime après tout et que j'étais habitué à les avoir autour de moi, depuis trente ans. Personne ne m'avait vu. Je suis arrivé à Châlons à pied, comme un enfant qui fuit la maison paternelle. Une voiture partait pour Paris, je l'ai prise : je suis resté quelque temps assez embarrassé de ma personne ; enfin je me suis dit : Le chevalier d'Arcy occupe un rang élevé chez monseigneur le duc d'Orléans, il ne m'aura peut-être pas oublié : et en effet, depuis ce jour, il n'est sorte de bontés dont il ne m'ait comblé, et la plus grande de toutes, madame, est celle de m'avoir présenté à une personne qui m'accueille avec tant de bienveillance , et qui daigne m'assurer d'une amitié que je n'ai pas encore méritée.

Mlle DE CHAUSSERAIE, *émue*. Dont personne n'est plus digne que vous, monsieur Simon. (*Souriant.*) C'est un coup de tête de jeune homme que vous avez fait là.

SIMON. Tout-à-fait; mais je n'ai pas eu tort, franchement. Il fallait que quelqu'un sortît... eh bien! j'ai mieux aimé que ce fût moi; ils ne pourraient se passer de mes secours, au lieu que j'ai l'espoir d'obtenir une place.

D'ARCY. Et c'est pour vous consulter à ce sujet que nous sommes venus à Versailles. Ma position chez le moins favorisé des princes du sang, mon dévouement bien connu à sa personne, me défendent de m'intéresser ouvertement à la demande de M. Simon : ma recommandation seule serait un motif d'exclusion. (*A Simon.*) Et, puisque nous en sommes là, gardez-vous bien de parler à qui que ce soit de l'amitié que je vous porte.

SIMON. J'ai adressé à Mme la marquise d'Angeau, dont je connais la nièce, une pétition que je la priais de mettre sous les yeux du roi.

Mlle DE CHAUSSERAIE. Eh bien?

SIMON. Je n'en ai pas reçu de réponse.

Mlle DE CHAUSSERAIE. Et quelle est la place que vous sollicitiez?

SIMON. Ah! voilà!... je n'en ai pas désigné... c'est que, voyez-vous, je ne suis qu'un pauvre prêtre de campagne , vieux, qui ne sait pas grand'chose et je me défie beaucoup de moi.

D'ARCY. Vous l'entendez? et c'est à cet excès de modestie et de timidité qu'il doit d'être resté obscur toute sa vie.

SIMON. Ne le croyez pas au moins, madame.

D'ARCY. Je vous le donne comme un des hommes les plus instruits de France. Ah! il faut bien que je le dise, puisque vous n'en parlez jamais. Sans compter les langues mortes qu'il sait mieux que qui que ce soit au monde, il possède à fond toutes les langues orientales , dont il a fait une longue étude quand il était dans les missions étrangères.

SIMON. Ah! voilà!... vous me voyez toujours comme un savant, et je ne suis rien moins que cela, madame. Je sens ce que je vaux; dans un village je peux en

savoir un peu plus que les autres, à la bonne heure, mais ici.....

D'ARCY. Croyez-moi, il est peu d'emplois auxquels il ne puisse prétendre; mais il lui faut une protection : vous, mon amie, que je consulte comme un oracle qui ne m'a jamais trompé , vous qui êtes ma Providence, car vous m'indiquez toujours la meilleure route à suivre, guidez-nous encore dans celle-ci.

Mlle DE CHAUSSERAIE. Mon ami, vous savez que depuis la mort Mme la dauphine, dont j'étais fille d'honneur, je n'ai conservé aucune relation à la cour. Je vis retirée avec quelque amis... et vous. Mon crédit autrefois n'a pas été bien grand ; cependant je n'ai jamais plus regretté qu'en cette occasion le peu que j'en avais.

D'ARCY. Oui, mais vous ne m'avez pas donné un avis qui n'ait été le meilleur, pas conseillé une démarche qui n'ait eu un heureux résultat. Je n'ai jamais réussi que dans les demandes ou les projets que je vous ai confiés; je vous crois un peu devineresse, et je vous consulte.

Mlle DE CHAUSSERAIE. Eh bien! donc, à ce titre et au risque de voir mettre en doute ma science, je vais vous conseiller la chose du monde la plus simple et la plus naturelle. A la place de monsieur, je demanderais aujourd'hui une audience au chancelier... et je me présenterais chez lui demain pour lui exposer ma demande.

D'ARCY. Mais c'est ce que tout le monde fait et ce qui ne réussit à personne.

Mlle DE CHAUSSERAIE. Il faut bien que le contraire arrive une fois.

D'ARCY. Vous croyez qu'il sera accueilli?

Mlle DE CHAUSSERAIE. Pourquoi pas ?

D'ARCY. Sans protection?

Mlle DE CHAUSSERAIE. Sans protection.

D'ARCY. L'apparence que le ministre devinera le mérite?

Mlle DE CHAUSSERAIE. Qui sait... un hasard.

D'ARCY. Parlez-vous sérieusement?

Mlle DE CHAUSSERAIE. En vérité!

D'ARCY. De tout autre je regarderais cet avis comme le dernier à suivre; mais, devous, je suis presque tenté de l'adopter.

Mlle DE CHAUSSERAIE. Que risquez-vous ?

D'ARCY. Et je ne serais pas étonné qu'il réussît.

Mlle DE CHAUSSERAIE. Eh bien! ni moi, franchement.

SCENE VI.

Les Précédens, Mme DE QUAILUS.

Mme DE QUAILUS, *à Mlle de Chausseraie.*
Eh ! vous voilà, ma toute bonne ! Je croyais
vous avoir aperçue à la chapelle, dans une
tribune, et, dès que cela m'a été possible,
je me suis empressée d'y monter. Vous n'y
étiez plus, je vous ai cherchée, et je vous
trouve enfin ! C'est bien vous ! Mais em-
brassons-nous donc, je vous prie.

SIMON, *bas à d'Arcy.* Quelle est cette
dame ?

D'ARCY, *de même.* Une assez bonne
femme, quoique fort évaporée.

Mme DE QUAILUS, *après avoir salué d'Arcy.* Mais c'est un miracle de vous voir :
cela n'est pas arrivé, je crois, depuis la
mort de Mme la dauphine.

Mlle DE CHAUSSERAIE. En effet, madame, je vis extrêmement retirée au milieu
d'un petit cercle de connaissances intimes.

Mme DE QUAILUS. Voyez-vous !

Mlle DE CHAUSSERAIE. J'avais un vif
désir de voir le roi, et j'ai obtenu à grand'-
peine un billet d'entrée à la chapelle.

Mme DE QUAILUS. Vous avez dû le trouver bien changé. En revanche, vous êtes
toujours la même, et il vous reconnaî-
trait, car il vous avait distinguée autrefois ; il s'arrêtait pour vous adresser quelques mots, et je me souviens qu'il disait
à la dauphine en parlant de vous : Vous
avez là, madame, une excellente fille.

Mlle DE CHAUSSERAIE. Vous croyez que
sa majesté ne m'a pas oubliée ?

Mme DE QUAILUS. J'en suis sûre ; et à
votre place j'en profiterais. Vous ne l'osez
pas ? Eh bien ! je m'en charge, moi. Il faut
absolument que je vous sois utile : vous
connaissez l'amitié que je vous porte, et,
bon gré, mal gré, je vous obligerai. J'ai
quelque crédit auprès de Mme de Maintenon, tous les ministres me ménagent, et
notre chancelier, qui a en même temps
que le sceaux le département de la guerre,
en est avec moi à ne me rien refuser.
Tenez, mon frère s'est arrangé du régiment de Picardie avec M. de Vitri, moyennant deux cent mille livres, c'est pour
rien : il ne manque plus que l'agrément
du roi, et il m'a suffi d'une visite au chancelier pour être sûre qu'il s'emploierait ac-
tivement à l'obtenir.

Simon parle bas à d'Arcy.

D'ARCY, *bas à Mlle de Chausseraie.* Il me
semble que voilà un moyen de réussir.

Mlle DE CHAUSSERAIE, *de même.* J'ai
plus de confiance dans l'autre ; laissez-moi
faire.

Mme DE QUAILUS. Si mon frère a le
régiment, Mme d'Angeau va être furieuse.

Mlle DE CHAUSSERAIE. Comment ?

Mme DE QUAILUS. Elle est jalouse de
mon crédit, ma bonne ; jalouse à un point
qui ne se peut décrire. Il faudra qu'elle
obtienne quelque chose aussi, ou, si quelqu'un réussit, qu'elle se donne les gants de
l'avoir protégé, afin que sa faveur ne paraisse en rien céder à la mienne. Cela n'a
jamais manqué ; c'est une comédie qui me
divertit au-delà de toute idée, et qui suf-
firait pour me donner envie d'obliger tous
mes amis...

Mlle DE CHAUSSERAIE. Si votre cœur,
madame, n'y était naturellement porté :
je suis bien obscure ; je n'ai, moi, ni crédit, ni faveur, ni moyen de prouver ma
reconnaissance, mais je n'oublierai pas,
soyez-en sûre, la sincérité des offres que
vous avez bien voulu me faire.

Mme DE QUAILUS. Et dont vous profi-
terez si vous avez quelque affection pour
moi.

SCENE VII.

Les Précédens, BLOIN.

BLOIN. Veuillez m'excuser, mesdames,
et vous, messieurs. Sa majesté a résolu de
se tenir aujourd'hui dans cet appartement,
et j'ai ordre d'en faire sortir tout le monde.

Mme DE QUAILUS. Le roi reprend ses
habitudes d'autrefois ; nous rajeunissons.
Venez-vous, ma toute belle ?

Mlle DE CHAUSSERAIE, *un peu embar-
rassée, à d'Arcy.* Monsieur le chevalier,
vous ne partirez pas sans me revoir ?

D'ARCY. J'aurai l'honneur, madame,
de me présenter chez vous dans une heure.

Mme DE QUAILUS, *à Mlle de Chausseraie.*
Je vous gêne peut-être ?

Mlle DE CHAUSSERAIE. En aucune façon.

D'Arcy et Simon sont sortis. Les deux dames s'éloi-
gnent. Bloin prépare un fauteuil et une table.

UN HUISSIER, *annonçant de la coulisse.*
Le roi !

Des courtisans paraissent dans la galerie du fond.
Aussitôt que le roi est entré, les portes se ferment.

SCENE VIII.

LE ROI, LE CHANCELIER.

LE ROI, *continuant une conversation avec
le chancelier.* Vous entendez, monsieur

le chancelier? je charge le maréchal de Matignon d'accompagner l'ambassadeur à Versailles, et je fixe la réception à demain.

LE CHANCELIER. Oui, sire.

LE ROI, *s'asseyant près de la table pendant que le chancelier tire des papiers.* Il y a long-temps que je n'ai travaillé ailleurs que dans ma chambre, et cela me ranime.

LE CHANCELIER. Voici l'ordre de votre majesté qui supprime une compagnie dans chaque régiment.

LE ROI. Donnez.

Il examine et signe différens papiers; le chancelier pendant ce temps continue.

LE CHANCELIER. A propos de régiment, sire, M. de Vitri veut se défaire de celui de Picardie.

LE ROI. Moyennant quelle somme?

LE CHANCELIER. Deux cent mille livres, sire.

LE ROI. C'est une bonne affaire pour celui qui l'aura à ce prix.

LE CHANCELIER. Elle me paraît telle, en effet.

LE ROI. Et qui me proposez-vous?

LE CHANCELIER. Quelqu'un à qui je m'intéresse comme à moi.

LE ROI. Mais encore?

LE CHANCELIER. Mon neveu, sire.

LE ROI. Votre neveu?... Il est bien jeune.

LE CHANCELIER. Sire, il a fait ses preuves.

LE ROI. Nous verrons.

LE CHANCELIER, *à part.* Je l'aurai. J'avais promis à Mme de Quailus..... j'en suis fâché pour elle.

LE ROI. Eh bien! M. le cardinal de Noailles et ses adhérens cèdent-ils enfin?

LE CHANCELIER. Non, sire. Ils s'obstinent à rejeter la bulle. Ce manque d'égards aux désirs de votre majesté mérite enfin un châtiment.

LE ROI, *se levant.* C'est malgré moi qu'on m'a fait prendre parti dans ces querelles, et maintenant il faut que j'aie recours à des mesures de rigueur pour faire respecter mon autorité... Je m'en occuperai. A tantôt, monsieur.

Le chancelier sort.

SCENE IX.

LE ROI, *puis* BLOIN.

LE ROI. N'est-ce donc pas assez de mes inquiétudes sur l'avenir? faut-il y ajouter le regret de laisser l'église divisée? Trois années consacrées inutilement à la pacifier!... Ah! ceux qui m'ont fait épouser ces querelles sont bien coupables!

BLOIN, *annonçant par la porte qui conduit dans l'appartement du roi.* Mlle de Chausseraie, sire.

LE ROI. C'est bien... Qu'elle entre.

SCENE X.

LE ROI, Mlle DE CHAUSSERAIE.

Mlle DE CHAUSSERAIE. Est-ce que je dérange votre majesté?

LE ROI. Vous êtes toujours la bien venue, mon enfant.

Mlle DE CHAUSSERAIE. Votre majesté me traite avec trop de bonté. Tant de gens envieraient mon bonheur, s'ils savaient qu'il m'est permis à toute heure d'approcher d'un si grand monarque, de causer presque familièrement avec lui et que je n'ai d'autre titre à cette insigne faveur que mon profond attachement à sa personne et son indulgence!

LE ROI. Il est peu de gens aussi sur l'amitié desquels je compterais comme sur la vôtre, mon enfant. Vous avez eu l'art de me persuader dès la première fois que je vous ai parlé chez cette pauvre dauphine. Vous êtes devenue ma confidente; personne ne le sait, personne ne vient se mettre entre nous; et puis je peux tout vous dire.... cela ne sort pas de nous deux... vous n'avez pas d'intérêt à abuser de mes paroles... je vous conte mes peines; c'est une consolation... j'en ai besoin.

Mlle DE CHAUSSERAIE. En effet, sire, je ne vous trouve pas aussi bon visage qu'hier; vous avez l'air triste; je crois qu'on vous donne du chagrin.

LE ROI. Oui, je suis tourmenté.

Mlle DE CHAUSSERAIE. Je respecte vos secrets, sire; mais je parierais qu'il s'agit encore de cette bulle où je n'entends rien. Je ne suis qu'une bonne chrétienne, et je ne m'embarrasse pas de leurs disputes. Si ce n'est que cela, vous êtes trop bon de vous affecter; laissez-les s'arranger comme ils voudront.

LE ROI, *souriant.* Tu règles ainsi les choses dans ta tête, et tu ne réfléchis pas que ce schisme désole l'église. Quarante évêques ont successivement adopté la bulle; mais neuf l'ont rejetée. Si l'on pouvait ramener ces neuf à l'opinion des quarante, la paix serait rétablie; mais ils s'y refusent obstinément.

Mlle DE CHAUSSERAIE. Eh bien! sire, il paraît que les quarante sont plus dociles: que ne leur dites-vous de revenir à l'avis des neuf? ils ne vous refuseront pas, et tout sera fini.

LE ROI, *riant*. Ah ! ah ! l'expédient est bon.

Mlle DE CHAUSSERAIE. C'est vrai, sire, ils ne pensent qu'à eux et ne s'inquiètent ni de votre repos ni de votre bonheur. Voilà ce qui m'intéresse, moi , et ce qui doit intéresser tout le royaume.

LE ROI. J'ai bien envie d'y songer aussi.

Mlle DE CHAUSSERAIE. Faites-le donc, sire : laissez là toutes ces querelles de prêtres ; reprenez votre santé, et tout ira bien.

LE ROI, *avec bonté*. Parce que cette santé est pour toi ce qu'il y a de plus précieux ?

Mlle DE CHAUSSERAIE. Oui , sire, et je ne suis pas seule à penser ainsi.

LE ROI. Tu crois ?

Mlle DE CHAUSSERAIE. Toute la France répondrait comme moi , si vous l'interrogiez.

LE ROI. Tu penses donc que l'on m'aime encore ?

Mlle DE CHAUSSERAIE. Comme autrefois, sire.

LE ROI. Qu'on n'a pas oublié les grandes actions de mon règne ?

Mlle DE CHAUSSERAIE. Et qui aurait pu en effacer le souvenir ?

LE ROI. Mes revers, qui ont si fort appauvri le royaume.

Mlle DE CHAUSSERAIE. Sire, vous êtes encore là pour les réparer.

LE ROI, *cachant sa joie*. Je l'essaierai, si Dieu m'en laisse le temps : tu as raison... Allons, allons ! c'est bien.

Mlle DE CHAUSSERAIE. Voyez-vous, sire, ce qui me désespère, c'est qu'on vous persuade que vous êtes très-malade. Fagon ne vous quitte pas, et il vous empêche de vous divertir, ce qui vous conviendrait mieux que tout le reste. Je gage qu'il s'oppose à la réception de cet ambassadeur dont on parle tant, sous prétexte que cela fatiguera votre majesté.

LE ROI. Non, non ; elle aura lieu demain. J'ai cru avoir beaucoup fait pour les arts et les sciences, et ce qui reste à faire est infini. Croiriez-vous, mon enfant, que Dipi est le seul, à Paris, qui entende le persan ?

Mlle DE CHAUSSERAIE. Cela ne m'étonne pas, sire, et je n'ai jamais compris qu'on parlât autre chose que français. Votre majesté y a déjà habitué l'Europe ; elle aurait dû aussi s'occuper de l'Asie, cela lui eût ménagé des interprètes.

LE ROI. Je fonderai une chaire pour l'enseignement des langues orientales.

Mlle DE CHAUSSERAIE. Si je vous avais connu ce projet, sire, j'aurais pu vous être bien utile.

LE ROI. Toi ?

Mlle DE CHAUSSERAIE. Oui, en vous indiquant un bon vieux prêtre qui a fait partie des missions étrangères; l'un des hommes les plus savans et les plus modestes qui soient au monde.

LE ROI. Et qui a jugé de sa science ?

Mlle DE CHAUSSERAIE. Oh! pas moi, sire , mais toutes les personnes qui le connaissent et qui gémissent de son obscurité.

LE ROI. Pourquoi ne m'en avoir pas parlé plus tôt ?

Mlle DE CHAUSSERAIE. Moi? est-ce que cela me regarde? Il ferait beau me voir protéger des savans... c'est pour le coup que vous vous moqueriez de moi, sire.

LE ROI. Il a voyagé en Orient?

Mlle DE CHAUSSERAIE. Oui ; et il connaît le persan, l'indien, l'égyptien... que sais-je?

LE ROI. Vous le nommez?

Mlle DE CHAUSSERAIE, *ayant l'air de chercher*. Pardon, sire; attendez ; je n'ai pas votre mémoire... et puis je ne l'ai vu qu'une fois.... Simon !

LE ROI. Simon ! Pouvez-vous lui faire dire de se présenter demain chez le chancelier?

Mlle DE CHAUSSERAIE. Sire, il me serait peut-être difficile de le rencontrer; mais je me rappelle que je le lui ai conseillé de moi-même, à tout hasard.

LE ROI. Bien. Je voudrais que ma protection fût toujours aussi méritée, mais je cède malgré moi à la faveur ; on me sollicite, on m'assiége ; tous les jours ce sont de nouvelles demandes, tout-à-l'heure encore, celle du régiment de Picardie.

Mlle DE CHAUSSERAIE. Que vous refusez?

LE ROI. Non, mais que j'hésite à accorder.

Mlle DE CHAUSSERAIE. Pourquoi cela , sire?

LE ROI. Le chancelier est insatiable.

Mlle DE CHAUSSERAIE. Il ne s'agit pas de lui.

LE ROI. Non, mais de son neveu, et c'est la même chose.

Mlle DE CHAUSSERAIE. De son neveu , sire? de son neveu?.. Ah ! ah !

Elle rit.

LE ROI. Qu'y a-t-il ?

Mlle DE CHAUSSERAIE. Le tour le plus plaisant! Mme de Quailus sollicite ce régiment pour son frère!.. Le chancelier lui avait si formellement promis son appui, qu'elle regardait la chose comme faite. (*Riant.*) Ah! ah! vous n'en riez pas, sire?

LE ROI. Non; la conduite du chancelier mérite le blâme, il y a là une perfidie.

Mlle DE CHAUSSERAIE. En effet, sire, je suis une sotte qui ne voit pas la portée des choses. Le frère de Mme de Quailus est, dit-on, un excellent officier, et cette dame me témoigne tant de bienveillance, que je devrais être désolée de ce qui lui arrive.

LE ROI. Oui? elle vous veut du bien?

Mlle DE CHAUSSERAIE. Oh! beaucoup, sire. Il n'est sorte d'offres de service qu'elle ne m'ait faites, mettant à ma disposition son crédit et jusqu'à sa maison.

LE ROI. Et vous lui rendez cette amitié?

Mlle DE CHAUSSERAIE. De tout mon cœur, sire.

LE ROI, *avec bonté.* Eh bien! voyons, mon enfant, en faveur de cette protection qu'elle vous offre, donnez-lui la vôtre, et j'accueillerai sa demande.

Mlle DE CHAUSSERAIE. C'est un chose acceptée, sire.

LE ROI. Et accordée. Comment! est-ce que vous me quittez déjà?

Mlle DE CHAUSSERAIE. Voici l'heure où votre majesté serait obligée de me renvoyer.

LE ROI. Ah! oui; on va venir faire ma partie. Le temps passe vite auprès de vous.

Mlle DE CHAUSSERAIE. Vous êtes toujours galant, sire; mais si votre majesté ne s'ennuie pas trop de mon bavardage, je suis heureuse.

LE ROI. Et vous partez, comme à l'ordinaire, sans me rien demander?

Mlle DE CHAUSSERAIE Sire, merci... j'ai ce qu'il me faut.

Elle sort par la petite porte.

SCENE XI.

LE ROI.

Excellente fille! sans finesse et sans art, mais dont la simplicité même me charme. Je m'amuse quelquefois de sa naïveté en affaires; elle s'en aperçoit à peine, et est bien loin de se douter que c'est par là surtout qu'elle me plaît. Nul n'a plus qu'elle le pouvoir de me distraire de mes chagrins, et je ne l'ai jamais vue sans m'en être trouvé plus heureux et plus tranquille. Je ne sais comment elle s'y prend.

SCENE XII.

LE ROI, Mme DE MAINTENON, LE DUC DU MAINE, LE COMTE DE TOULOUSE, MM^{mes} D'O, DE LÉVI, D'ANGEAU, DE QUAILUS, *et plus tard* LE CHANCELIER.

Mme DE MAINTENON. Vous avez l'air satisfait, sire?

LE ROI. Oui, et votre présence ajoute à mon contentement; je suis ici au milieu de la seule famille que le ciel m'ait laissée.

Mme DE MAINTENON. Et qui voudrait pouvoir vous consoler de la perte de l'autre par son dévouement et ses soins.

LE DUC. Celle-ci unit à son affection naturelle pour votre personne, sire, la reconnaissance de toutes les bontés dont vous l'avez comblée.

LE ROI, *au duc du Maine et au comte de Toulouse.* Oui, j'ai élevé votre fortune aussi haut qu'elle pouvait monter. S'il m'était possible de faire davantage pour vous, je le ferais, parce que je vous aime, et que vous le méritez. Mais ne vous embarrassez pas de l'avenir, laissez-m'en le soin: je vois mieux que vous vos vrais intérêts; croyez-moi, reposez-vous-en sur ma sagesse et mon expérience.

LE COMTE. Eh! que pourrions-nous désirer que vous ne nous ayez déjà donné, sire?

LE DUC, *ployant le genou.* Sire, qu'avons-nous donc fait pour mériter tant d'amour?

LE ROI, *le relevant.* Monsieur du Maine! mes enfans!... mais ce que je vous dis n'a rien qui vous doive toucher à ce point. Allons, vous m'attendrissez tous deux..... ce n'est pas le moment. (*Se remettant.*) Madame de Quailus, je suis prêt à commencer la guerre. Ah! j'ai perdu de ma confiance... je vous crois dans un jour de bonheur.

Mme DE QUAILUS, *à part.* Le chancelier aura parlé, j'ai ma nomination.

Le roi se place à la table de jeu que des pages ont apportée dès le commencement de la scène. Mme de Quailus en face de lui; Mmes d'O et de Lévi aux deux autres côtés. Mme d'Angeau debout près du roi, ainsi que le comte de Toulouse. Mme de Maintenon assise à côté du fauteuil du roi, faisant de la tapisserie. Le duc du Maine au milieu du théâtre. La partie commence.

LE ROI. Que dit-on de nouveau, monsieur du Maine?

LE DUC. Il n'est bruit, sire, que de la séparation de M. de Nassau et de sa femme.

LE ROI. Déjà? Au bout d'un an? Ils faisaient donc bien mauvais ménage

LE DUC. La comtesse a commencé par quitter la religion protestante, qui est celle de son mari, pour se faire catholique.

Mme DE MAINTENON, *gaîment.* Afin, sans doute, de ne plus le voir dans ce monde ni dans l'autre.

LE DUC. Ce changement n'a fait qu'aigrir les deux époux. La comtesse a demandé la rupture de son mariage, et comme le comte n'y voulait pas consentir, elle lui a donné vingt-cinq mille écus pour avoir son agrément.

Mme DE MAINTENON. Cela ne me paraît pas acheté trop cher.

LE DUC. Pas cher, madame? La comtesse perd cinquante mille écus dans cette affaire.

LE ROI. Comment donc?

LE DUC. Si elle avait attendu quelque temps encore, de l'humeur dont elle est, au lieu de donner vingt-cinq mille écus à son mari, elle les aurait reçus de lui pour s'en débarrasser.

Tout le monde rit.

LE ROI. Pas mal. (*A Mme de Quailus.*) Je l'avais prévu, le sort vous favorise, madame.

Mme DE MAINTENON. Je ne sais pourquoi, sire, je me fais une si grande fête de la réception de demain ; ou plutôt il me semble que rien n'aura été plus glorieux pour votre majesté que cette ambassade solennelle, et jamais je ne me suis sentie si contente.

LE ROI, *lui serrant la main.* Merci, je n'en doute pas. Si vous saviez comme cela me touche, comme je me trouve heureux au milieu de vous !

LE COMTE. Est-il vrai, sire, que le peintre Coypel et Bosc, secrétaire de l'Académie des Inscriptions, doivent se tenir au bas du trône pendant la cérémonie, l'un pour en faire le tableau, l'autre la relation?

LE ROI. Oui, je l'ai ordonné ainsi.

Mme DE MAINTENON. « Sire, il faut que » je vous soumette un cas de conscience. » Pensez-vous que la vraie dévotion consiste à se priver de tous les plaisirs, » même les plus innocens? Pour moi, » je crois que ceux qui s'adressent à l'es- » prit peuvent être permis de temps en » temps, et je mets au nombre la repré- » sentation d'une bonne pièce de théâtre. » Il y a long-temps qu'il n'y a eu comédie » à la cour, et je meurs d'envie d'en voir » jouer une, sire. »

LE ROI. « Ah! mon pauvre Molière » n'est plus là ! »

Mme DE MAINTENON. « Ses ouvrages lui » survivent. »

LE ROI. « Oui, cela est beau, cela res- » tera, c'est parmi eux qu'il faut choi- » sir. »

LE DUC. « Avec d'autant plus de raison, » sire, que ses successeurs ne paraissent » pas destinés à le faire oublier. Des ten- » tatives ont lieu, dont pas une ne réussit. » L'autre jour encore, les comédiens ont » donné la représentation d'une pièce » nouvelle, et elle a été l'occasion d'une » aventure assez plaisante. L'auteur, qui » est un jeune homme, furieux de voir » que les spectateurs, après avoir impi- » toyablement sifflé sa comédie, s'étaient » levés en masse pour demander sont » nom, s'est élancé sur le théâtre au beau » milieu du brouhaha, et, jetant son cha- » peau dans le parterre, il leur a dit avec » un air tragique : Celui qui veut me voir » n'a qu'à me le rapporter. Sur quoi, » quelqu'un s'est écrié que l'auteur ayant » perdu la tête n'avait plus besoin de cha- » peau. »

On rit.

LE ROI. Pardon, madame, cette levée m'appartient.

Mme DE QUAILUS. Votre majesté se trompe, c'est moi qui ai le roi.

LE ROI. Je vous assure... (*A Mme d'Angeau.*) N'est-il pas vrai, madame?

Mme D'ANGEAU. Sire, je n'ai pas fait attention.

LE ROI, *à MM^{mes} d'O et de Lévi.* Mesdames, soyez juges.

MM^{mes} D'O *et* DE LÉVI. Je ne sais... je ne me souviens pas.

LE ROI. Monsieur de Toulouse, votre avis?

LE COMTE DE TOULOUSE. Je n'ai pas vu, sire, mais vous devez avoir perdu.

LE ROI. Comment cela?

LE COMTE DE TOULOUSE. Si le coup eût été seulement douteux, tout le monde vous eût donné raison.

LE ROI, *souriant.* C'est possible. (*Au chancelier, qui est entré sur les dernières répliques.*) Vous me voyez honteusement battu, monsieur le chancelier.

LE CHANCELIER. C'est une fâcheuse nouvelle, sire, et celle que j'ai à vous annoncer est plus pénible encore. Dipi, que vous aviez attaché en qualité d'interprète à la personne de l'ambassadeur de Perse, est hors d'état de remplir cette fonction.

LE ROI. Pourquoi?

LE CHANCELIER. Une maladie mortelle...

LE ROI. Que m'apprenez-vous?

LE CHANCELIER. Sire, on désespère de sa vie, et, au moment où je vous parle, il a peut-être déjà cessé d'exister.

LE ROI, *se levant*. Si subitement!.. (*Il se promène.*) Toujours des morts imprévues, rapides !

LE CHANCELIER. Sire, il faut songer à le remplacer, et voici le choix que j'ai l'honneur de proposer à votre majesté. Veut-elle l'approuver ?

LE ROI, *après un instant de réflexion*. Merci, monsieur, j'ai quelqu'un.

Mouvement de Mme de Maintenon et du duc du Maine.

LE CHANCELIER, *un peu embarrassé*. Sire...

LE ROI. Un homme que je crois capable, un ecclésiastique, le père Simon. Il se présentera demain chez vous.

LE CHANCELIER. Sire, permettez-moi de vous faire observer...

LE ROI. Vous m'avez entendu, monsieur.

LE DUC, *à part*. Quel est cet homme ?

Mme DE MAINTENON, *à elle-même*. D'où le roi le connaît-il ?

LE CHANCELIER, *bas à Mme de Maintenon*. Je le saurai.

La toile tombe.

ACTE DEUXIÈME.

La salle de réception ; trône à gauche ; vaste galerie au fond ; porte à gauche allant chez Mme de Maintenon.

SCÈNE PREMIÈRE.

LE CHANCELIER, SIMON.

LE CHANCELIER. Entrez, monsieur. Quand vous vous êtes présenté chez moi, je n'ai pu vous recevoir, et je vous ai fait prier de venir me trouver ici, où me retiennent des affaires importantes.

SIMON. Je vous remercie, monseigneur. Je me suis adressé directement à vous, et votre promptitude|à m'accorder cette audience...

LE CHANCELIER. La politesse est le premier devoir de tout homme en place.

SIMON. Que le roi vous maintienne longtemps dans la vôtre, monseigneur.

Il regarde les préparatifs de la réception.

LE CHANCELIER, *à part*. Il porte sur sa figure un air de simplicité, de bonhomie... (*Haut.*) Vous avez des protecteurs à la cour ?

SIMON. Pas que je sache, monseigneur.

LE CHANCELIER. C'est impossible : vous y connaissez quelqu'un ?

SIMON. Personne... si ce n'est pourtant Mme d'Angeau.

LE CHANCELIER. Ah ! c'est elle qui s'intéresse à vous ?

SIMON. C'est-à-dire, monseigneur... je lui ai adressé, par l'entremise de sa nièce, une pétition ; mais elle est restée sans réponse.

LE CHANCELIER, *à part*. Il n'y a que Mme d'Angeau, cependant, qui ait pu parler au roi : je la verrai. (*Haut.*) Il paraît, monsieur, que vous êtes un homme d'un grand savoir ?

SIMON. Moi, monseigneur?... on vous l'a dit ? Cela m'embarrasse beaucoup, parce que je me vois forcé de vous avouer que je ne sais ce qui a pu donner de moi une opinion que je mérite si peu... à moins... Ah ! voilà ce que c'est. Dans ma jeunesse, j'ai voyagé pendant quelques années en Orient, j'ai fait partie des missions étrangères. On m'a conseillé d'en parler dans ma pétition, et j'en ai parlé... Quand on n'a pas beaucoup de titres, on n'en oublie aucun.

LE CHANCELIER. Et cependant, malgré votre modestie, vous vous croiriez capable de remplir une place importante, celle d'interprète des langues orientales, par exemple, que la mort de Dipi a laissée vacante ?

SIMON. C'est-à-dire, monseigneur, que si on me l'offrait jamais...

LE CHANCELIER. Prenez garde, monsieur ! de pareilles fonctions font souvent peser sur celui qui les exerce une grande responsabilité.

SIMON. Je le pense bien.

LE CHANCELIER. Songez qu'il faut connaître à fond une langue...

SIMON. Sans doute.

LE CHANCELIER. Et qu'il ne suffit'pas de savoir quelques mots....

SIMON. C'est ce que je me dis... Si on se trompait ! comment donc ? Un contresens de peuple à peuple?.. En pareil cas, un solécisme serait capable de brouiller deux monarques !

LE CHANCELIER. Mais, à vous entendre, vous ne pensez pas être en état...

SIMON. En aucune façon ; aussi est-ce que j'ai jamais songé à demander rien de pareil ? Tenez, monseigneur, si vous vous intéressez à moi, si vous croyez qu'une vie passée honorablement vaut une récompense ici-bas, faites-moi obtenir une petite pension pour que je sois tranquille jusqu'à la fin de mes jours... ou s'il faut gagner mon argent, eh bien! je serai chapelain dans quelque château, précepteur d'un enfant de famille... voilà ce qui me convient... pas autre chose... Avez-vous un fils, monseigneur?

LE CHANCELIER, *souriant.* Non, monsieur...

SIMON. C'est fâcheux, vous me l'auriez confié.

LE CHANCELIER. Mais votre franchise me plaît; le mérite modeste a droit à notre protection.

SIMON. Monseigneur...

LE CHANCELIER. Je ne puis vous donner une réponse sur-le-champ...

SIMON. Oh! j'attendrai.

LE CHANCELIER. Peu de temps...

SIMON. Faut-il me retirer?

LE CHANCELIER. Oui, mais ne vous éloignez pas; je vous ferai appeler.

SIMON. Que de bontés!.. Je vais aller visiter la chapelle que je ne connais pas.

LE CHANCELIER. Comme vous voudrez.

SIMON. On me laissera entrer?

LE CHANCELIER, *à un huissier.* Faites accompagner monsieur. (*A Simon.*) A bientôt.

Ils se saluent. Simon sort.

OOC OOC OOC OOC OOC OOC OOC OOC OOC OOC OOC OOC OOC OOO

SCENE II.

LE CHANCELIER, *seul.*

Je l'avais bien jugé d'abord : c'est un homme d'une grande simplicité et sans conséquence. Si c'est en effet madame d'Angeau qui l'a recommandé, comme elle est à Mme de Maintenon, il n'y a rien à craindre : néanmoins c'est une singulière idée qu'a eue le roi... Mme d'Angeau cache son crédit: elle a joué la protectrice; le roi a saisi l'occasion de dire : Je veux!.. Je n'y vois pas d'inconvénient... Ah! la voici avec Mme de Quailus; je vais savoir d'elle...

OOOOOC OOC OOOOOC OOOOOC OOC OOOOOOC OOOOOOOOOOOOOOOO

SCENE III.

LE CHANCELIER, Mme DE QUAILUS, Mlle DE CHAUSSERAIE, Mme D'ANGEAU.

Mme DE QUAILUS, *à Mlle de Chausseraie.* Oui, ma toute belle, j'ai obtenu pour vous la permission d'assister à cette cérémonie; Mme de Maintenon s'est fait un plaisir de me l'accorder... Tout me réussit aujourd'hui... le roi... (*Voyant le chancelier.*) Ah! monsieur le chancelier, c'est vous!.. que je suis enchantée de vous rencontrer, et que j'ai de remerciemens à vous faire!..

LE CHANCELIER. A moi, madame? il me semble que vous ne m'en devez aucun.

Mme DE QUAILUS. Ah!

LE CHANCELIER. J'ignore...

Mme DE QUAILUS. Vraiment! vous serez bien étonné...

Mlle DE CHAUSSERAIE, *à part.* C'est possible.

Mme DE QUAILUS. Il faut donc vous apprendre, mesdames..... mais auparavant regardez la figure de M. le chancelier, et dites-moi s'il joue bien la surprise... je sollicitais un régiment pour mon frère, j'avais prié M. le chancelier de faire cette demande à sa majesté...

LE CHANCELIER. Je l'ai faite.

Mlle DE CHAUSSERAIE, *à part.* Pour son neveu.

Mme DE QUAILUS. Et ce matin... regardez bien... j'ai reçu la nomination de mon frère.

LE CHANCELIER, *avec beaucoup de surprise.* Ah!

Mme DE QUAILUS. A merveille!... c'est d'un naturel parfait.

Mme D'ANGEAU. Oui.

Mlle DE CHAUSSERAIE. Oui.

LE CHANCELIER, *à part.* Comment se fait-il?.. Décidément le roi rajeunit... il a des retours de volonté...

Mme DE QUAILUS, *à Mlle de Chausseraie.* J'ai saisi l'occasion de le dire devant Mme d'Angeau, qui demande toujours et n'obtient jamais rien... (*Au chancelier.*) Maintenant, vous pouvez vous laisser remercier.

LE CHANCELIER, *à part.* C'est ce que j'ai de mieux à faire... (*Haut.*) Madame... en vérité... cela n'en vaut pas la peine...

Mme DE QUAILUS. Je vous disais bien que, si vous vouliez vous en mêler, le roi...

LE CHANCELIER. J'ai parlé comme pour moi.

Mlle DE CHAUSSERAIE, *bas à Mme de Quailus.* Savez-vous que c'est aimable?

Mme DE QUAILUS. Charmant!.. d'ailleurs, avec un crédit comme le vôtre...

LE CHANCELIER. Si on en doutait, vous en donneriez la preuve... mais je ne suis pas le seul ici dont l'influence obtienne des grâces de sa majesté.

Mme DE QUAILUS. Comment?

LE CHANCELIER, *regardant Mme d'An-*

geau. Oui, et madame sait bien jusqu'où la sienne peut s'étendre.

Mme D'ANGEAU. Moi?

Mlle DE CHAUSSERAIE, *à part.* C'est juste... à son tour.

Mme D'ANGEAU. Que voulez-vous dire?

LE CHANCELIER. Ne faites pas l'étonnée..... vous connaissez un brave homme nommé Simon?..

Mme D'ANGEAU. Simon!

LE CHANCELIER. Certainement! c'est de vous seule qu'il se recommande.

Mme D'ANGEAU. Simon... ah! un vieux prêtre qui m'a fait remettre une pétition... je me rappelle... un homme simple..... très-simple.... une espèce de niais, n'est-ce pas?

LE CHANCELIER. Il faut que vous en ayez fait un autre portrait à sa majesté.

Mme D'ANGEAU. Le roi s'y intéresse?

LE CHANCELIER. Assez pour lui confier la place d'interprète... c'est de lui qu'il parlait hier, vous le savez bien.

Mme D'ANGEAU. Vraiment?

LE CHANCELIER. Allons! ne jouez pas plus long-temps la surprise... avant de lui donner cette place, je désirerais savoir si réellement c'est vous...

Mme D'ANGEAU. Oui... oui... je vous dis... il m'a fait remettre un placet...

LE CHANCELIER. Que vous avez appuyé?

Mme D'ANGEAU. Mais...

Mme DE QUAILUS, *vivement.* Madame en serait déjà convenue, si cela était.

Mme D'ANGEAU. Pourquoi donc, madame?... je pourrais avoir un motif de le cacher.

LE CHANCELIER. Il n'en existe aucun... Voyons! n'y mettez pas tant de mystère... j'attache à votre recommandation la plus grande importance... convenez de votre crédit.

Mme D'ANGEAU, *à part.* J'en ai bien envie, à cause de Mme de Quailus.

LE CHANCELIER. Vous avez voulu faire le bien sans le dire?

Mme D'ANGEAU. Oh!...

LE CHANCELIER. Mais vous ne pouvez garder le secret davantage... avouez-le donc!

Mme D'ANGEAU. Eh bien! puisque vous me pressez tant... eh bien! oui, là... j'en conviens.

Mlle DE CHAUSSERAIE, *à part.* A la bonne heure.

Mme D'ANGEAU, *à part.* Mme de Quailus en enragera. (*Haut.*) Il est si doux d'obliger quand on le peut!

Mlle DE CHAUSSERAIE, *à part.* Et que ça ne coûte pas plus.

Mme D'ANGEAU. Ainsi mon protégé?...

LE CHANCELIER. N'a plus rien à désirer.

Mme D'ANGEAU. Merci pour lui... vous m'en voyez ravie... (*A part.*) C'est fort singulier, je n'ai pas remis la pétition.

Mme DE QUAILUS, *à Mlle de Chausseraie.* Je ne crois pas un mot de ce que vient de dire Mme d'Angeau.

Mlle DE CHAUSSERAIE, *à Mme de Quailus.* Ni moi.

Mme DE QUAILUS, *de même.* Elle avait l'air de ne pas savoir...

Mlle DE CHAUSSERAIE, *de même.* Comme M. le chancelier tout-à-l'heure.

Mme DE QUAILUS, *de même.* Êtes-vous de mon avis?... il me semble qu'il y a ici des personnes qui parlent sans se comprendre...

Mlle DU CHAUSSERAIE, *de même.* Et qui reçoivent des remercîmens qu'elles ne méritent pas.

Mme DE QUAILUS, *de même.* Je le crois... (*Haut.*) Mme de Maintenon nous attend, je pense, venez-vous, madame?

Mme D'ANGEAU. Oui, madame

Mme DE QUAILUS. Monsieur le chancelier... (*A Mlle de Chausseraie.*) Je ne puis vous emmener...

Mlle DE CHAUSSERAIE. Permettez-moi de vous conduire...

Elle les reconduit.

LE CHANCELIER, *sonnant.* La personne qui était tout-à-l'heure avec moi!

L'HUISSIER. Monseigneur, elle attend.

SCENE IV.

LE CHANCELIER, SIMON.

LE CHANCELIER. Monsieur, les renseignemens que j'ai dû prendre vous sont tous favorables.

SIMON. Monseigneur...

LE CHANCELIER. Le roi, sur ma recommandation, vous a nommé interprète, et vous attache à la personne de l'ambassadeur de Perse.

SIMON. Interprète!...

LE CHANCELIER. Vous entrez en fonctions.

SIMON. Mais, monseigneur... je croyais vous avoir dit... que cette place...

LE CHANCELIER. Elle vous convient...

SIMON. Au contraire... c'est précisément celle-là...

LE CHANCELIER. Allons, monsieur, il ne faut pas que la modestie vous aveugle... d'ailleurs, les difficultés de détail, s'il y en a pour vous, ne sont rien... c'est le sens général et non la lettre... et, si vous éprouvez quelque embarras, gardez-vous de le laisser paraître... Dans tous les cas, monsieur, n'oubliez pas que c'est à moi que vous devez cette place, et à moi seul qu'il faut rendre compte de tout... vous me trouverez ici et vous pourrez toujours arriver jusqu'à moi ; l'ordre sera donné de vous laisser entrer... Adieu... dans une heure la réception aura lieu.

Il sort.

SCENE V.

SIMON, Mlle DE CHAUSSERAIE.

SIMON. Dans une heure !... une réception !... une traduction !...

Mlle DE CHAUSSERAIE, *riant.* Ah! ah! ah!

SIMON. Ah! madame, vous voilà !.. Figurez-vous...

Mlle DE CHAUSSERAIE. Je sais tout... ah! ah !...

SIMON. C'est avoir du malheur... il y a peut-être des gens qui demandent cette place... qui ont des protecteurs, ils ne l'obtiennent pas... moi, je la refuse, et on me force à la prendre... vous m'avez donné un mauvais conseil, madame.

SCENE VI.

LES MÊMES, D'ARCY.

D'ARCY, *entrant sur les derniers mots.* Ce serait la première fois... Qu'y a-t-il donc?

SIMON. Je suis un homme perdu, mon ami... je suis nommé interprète... j'entre en fonctions... je n'ai eu qu'à me présenter au chancelier, comme madame me l'avait dit hier, et en un instant tout a été fini.

D'ARCY. Qu'est-ce que je vous disais?.. suivez ses avis... vous avez un tact merveilleux ; tous ceux que vous donnez sont excellens.

SIMON. Mais songez donc! moi, que je n'ai jamais rien vu !.. qui n'ai assisté dans ma vie qu'à l'installation d'un évêque... me trouver tout-à-coup devant la cour, devant le roi !.. je serais plus sûr de regarder, sans baisser les yeux, le soleil à midi... qu'est-ce que je vais devenir?.. la peur me fera déraisonner... prendre les noms pour des verbes... je ne me rappellerai pas un mot... ah bien ! je vais donner une belle idée des savans français !

Mlle DE CHAUSSERAIE, *riant.* Mais dépêchez-vous donc, monsieur : vous n'avez que le temps de vous préparer. L'ambassadeur est à Versailles... vos fonctions vous appellent auprès de lui.

SIMON. Vous avez raison, madame, je n'y pensais pas... Je vous quitte.

D'ARCY. Du courage...

SIMON. Il en faut. C'est là que je serai... au pied du trône... le roi m'adressera la parole... je suis capable de lui parler persan et français à l'ambassadeur.... je n'y veux pas penser..... Adieu, adieu.

Il sort.

SCENE VII.

D'ARCY, Mlle DE CHAUSSERAIE.

Mlle DE CHAUSSERAIE. J'ai peur qu'il n'achève de perdre la tête pendant la cérémonie.

D'ARCY. Vous y serez ?

Mlle DE CHAUSSERAIE. Oui. Je ne vous demande pas, mon ami, si vous avez fait quelques démarches pour y assister.

D'ARCY. Aucune, quoiqu'une pareille fête soit un événement bien étrange ; la vieille favorite laisse prendre l'air à son prisonnier : mais je ne suis pas curieux...

Mlle DE CHAUSSERAIE. D'y être avec moi ?..

D'ARCY. Le puis-je? Dois-je solliciter cette faveur quand le duc lui-même en est éloigné , quand le neveu du roi ne pourrait s'y présenter sans entendre murmurer à son oreille des soupçons odieux ?... Je dois suivre la fortune de mon maître.

Mlle DE CHAUSSERAIE. En lui restant fidèle, mon ami, il serait peut-être de votre intérêt de vous ménager un autre appui : le roi est vieux ; le duc est perdu dans l'esprit public...

D'ARCY. Je le sais... Quand je pouvais choisir, je ne vous connaissais pas encore... Alors peut-être m'auriez-vous fait voir que les droits des princes d'Orléans s'effaceraient un jour devant la bassesse, la cupidité, l'ambition ; que le pouvoir appartiendrait à l'intrigue et à la calomnie... et pourtant ! en ne consultant aujourd'hui que ma raison et non ma reconnaissance pour le duc, il me semble que ce qui nous entoure n'est pas dans les desseins éternels de la Providence. Croyez-moi, ce sont là des grandeurs bâties sur le sable. Le nom de Louis XIV, sa gloire, ses malheurs, sa vieillesse, maintiennent par la crainte et l'habitude de l'obéissance tous ces scandales vivans, cette reine sans couronne, et ces enfans qu'on a écrasés de titres empruntés, pour leur donner un nom qui leur manquait parmi les hommes... et peut-être, quand le manteau royal qui les couvre de ses plis ne sera plus étendu sur eux, leur nudité fera honte à tous et peur à eux-mêmes. Ne le pensez-vous pas ?

Mlle DE CHAUSSERAIE. J'aimerais mieux vous écouter encore parler que de vous donner mon avis là-dessus. Je suis une femme comme toutes les autres, qui savent jusqu'où peut aller une affection et ne voient rien au-delà. Parlez-moi de vous, d'Arcy, je vous répondrai ; mais ne me demandez pas ce qu'il adviendra de la France, je n'y entends rien.

D'ARCY. Je suis quelquefois tenté de penser le contraire.

Mlle DE CHAUSSERAIE. Vous ?

D'ARCY. Et de croire qu'il existe ici quelque dieu mystérieux que vous consultez avant de rendre vos oracles.

Mlle DE CHAUSSERAIE. D'Arcy !

DARCY. Soyez sans crainte, il y a des soupçons qui ne doivent pas offenser. Avouez-le pourtant, vous avez peur de passer ouvertement du côté des proscrits : sans cela, refuseriez-vous l'offre que je vous ai faite, et ma main ?...

Mlle DE CHAUSSERAIE. Mon ami, vous savez quelle est ma position : je n'ai pas de crédit, quoi que vous en disiez, pas de fortune ; la vôtre n'est pas encore assurée... une femme !.. ce serait une inquiétude de plus... L'avenir est à ceux qui s'aiment et ne veulent pas se tromper, et l'attente elle-même est un commencement de bonheur... Attendons. Si la fortune vous sourit plus tard, je suis bien sûre que vous ne l'offrirez pas à une autre, et je la partagerai sans rougir ; si elle vous est contraire, je ne vous priverai pas d'une consolation.

D'ARCY. J'ai toujours tort contre vous : je vous laisse, l'heure approche, et je suis un profane... Le roi !..

Mlle DE CHAUSSERAIE. Seul ?

D'ARCY. Oui. Sortez-vous ?

Mlle DE CHAUSSERAIE. Partez d'abord.

D'ARCY. Et n'oubliez pas de me donner des nouvelles de mon vieux Simon.

Il lui baise la main et sort vivement en apercevant le roi.

SCENE VIII.

LE ROI, Mlle DE CHAUSSERAIE.

LE ROI, *souriant.* Pardon, je suis indiscret... recevez mes excuses.

Mlle DE CHAUSSERAIE. Pourquoi donc, sire ?

LE ROI. Quelqu'un était ici avec vous.

Mlle DE CHAUSSERAIE. Le respect qu'inspire votre majesté...

LE ROI. On s'incline devant elle... mais on ne s'enfuit pas... Quel est ce monsieur qui vous a baisé la main ?

Mlle DE CHAUSSERAIE. Vous croyez, sire ?

LE ROI. Je l'ai vu. Vous rougissez ?.. Quel est-il ?.. un parent ?..

Mlle DE CHAUSSERAIE. Un peu moins, sire.

LE ROI. Un ami ?

Mlle DE CHAUSSERAIE. Un peu plus.

LE ROI. Il va donc vous épouser ?

Mlle DE CHAUSSERAIE. Je l'ai refusé, sire.

LE ROI. Pourquoi ?

Mlle DE CHAUSSERAIE. M. d'Arcy est attaché à la maison du premier prince du sang ; il ne voudrait pas quitter son bienfaiteur, et, si je l'épousais, sire, il faudrait lui avouer ce que vous voulez tenir secret... Je ne pourrais plus venir ici, causer quelquefois avec votre majesté.

LE ROI. Quoi ! c'est pour moi que vous vous sacrifiez ?

Mlle DE CHAUSSERAIE. Pour vous.

LE ROI. C'est plus que de l'amitié, c'est du dévouement..... Vous m'aimez donc bien ?

Mlle DE CHAUSSERAIE. Beaucoup, sire.

LE ROI. Merci, mon enfant. (*L'embrassant sur le front.*) A mon âge, baiser de roi est un baiser de père... comme ceux que j'ai donnés autrefois à la duchesse de Bourgogne... Elle ne sera pas là aujourd'hui !

Mlle DE CHAUSSERAIE. Ne pensez pas à cela, sire.

LE ROI. Ni les petits-fils de mon fils.

Mlle DE CHAUSSERAIE. Je ne vous parlerai plus, sire, si vous avez encore ces idées tristes.

LE ROI. Que voulez-vous ? Un souvenir en a amené un autre. Quand on est vieux, on en a tant !.. Laissons le passé pour ne nous occuper que du présent. Qu'a dit Mme de Quailus ?

Mlle DE CHAUSSERAIE. Elle s'est confondue en remerciemens auprès du chancelier.

LE ROI. Et il les a reçus ?

Mlle DE CHAUSSERAIE. Avec intrépidité.

LE ROI. Je regrette de ne pas lui avoir fourni plus souvent l'occasion de les mériter comme cette fois.

Mlle DE CHAUSSERAIE. Sire, il a peut-être encore des parens à placer.

LE ROI, *riant.* Je vous le dirai.

Mlle DE CHAUSSERAIE. Et aussi quand Mme d'Angeau s'intéressera à quelqu'un, car elle est bien heureuse des services qu'elle rend sans s'en douter.

LE ROI, *riant.* C'est cela... nous en rirons tous les deux... car il me semble qu'il me reste encore quelques jours de bonheur. Celui-ci en est un. Si vous saviez avec quel empressement mon fils du Maine étudie tout ce qui peut me plaire! Comme il se montre heureux du dernier honneur rendu à ma vieillesse!.. Ah! s'il m'était permis de confier à son dévouement les destinées du trône!..

Mlle DE CHAUSSERAIE. Pourquoi vous inquiéter de l'avenir quand vous rajeunissez?

LE ROI. De souvenir, du moins, c'est vrai. Tout-à-l'heure, en passant dans la galerie, j'ai vu par les croisées le château entouré de troupes, pouvant à peine contenir la foule qui se pressait... On m'a aperçu, et aussitôt on a crié : « Vive le » roi!» Ah! ce monde, ce tumulte, cet appareil de puissance, tout cela m'a ramené au temps des fêtes de Versailles... et puis cette réception, cet ambassadeur qui vient m'apporter l'hommage de son maître!.. Ils connaissent les merveilles de mon règne; ils ont entendu raconter mes victoires. L'Orient me venge aujourd'hui de l'Europe.

Mlle DE CHAUSSERAIE. A la bonne heure, sire; voilà les idées que j'aime à vous voir. Vous êtes toujours le grand roi... ne pensez qu'à cela.

LE ROI. Et à l'amitié de ceux qui font tout pour me plaire.

SCENE IX.

LES MÊMES, SIMON.

SIMON, *tout égaré.* Le chancelier!... où est monsieur le chancelier?

LE ROI. Qu'est-ce donc, monsieur? Qui vous a donné le droit d'entrer ici?

SIMON. Personne, monsieur, personne. Je suis désolé si cela vous déplaît, mais j'entrerais partout sans permission... chez le roi lui-même... il faut que je trouve monsieur le chancelier. Ah! madame, l'avez-vous vu? Savez-vous où il est?

LE ROI, *bas.* Vous connaissez cet homme?

Mlle DE CHAUSSERAIE. C'est l'interprète.

LE ROI. Ah!... ne me nommez pas..... (*Haut*) Qu'est-il donc arrivé? qu'y a-t-il?

SIMON. Ce qu'il y a, monsieur... ou monseigneur... je ne sais... Ce qu'il y a?..

mais ce n'est pas à vous que je dois le dire... j'ai mes instructions..... c'est au chancelier seul qu'il me faut rendre compte.... il me l'a recommandé... je n'ai pas de temps à perdre.

LE ROI. A vous entendre, on croirait qu'il s'agit d'une affaire d'état.

SIMON. C'est possible.

LE ROI. Vous pouvez me la confier.

Mlle DE CHAUSSERAIE. Monseigneur ou monsieur le chancelier, c'est indifférent... ce que vous direz à l'un, l'autre peut le connaître.

SIMON. Monseigneur est un collègue?

Mlle DE CHAUSSERAIE. Oui.

SIMON. Il me semble que vous allez me faire faire une gaucherie... En tout cas ce serait votre faute... mais pardon, madame...

Mlle DE CHAUSSERAIE. Comment? Je suis de trop.

LE ROI. Il paraît.

Mlle DE CHAUSSERAIE. Je me retire. (*A part en sortant.*) Un secret d'état!.. j'aurais bien voulu l'entendre... oh! le roi me le dira.

SCENE X.

LE ROI, SIMON.

LE ROI. Voyons, monsieur.

SIMON. Voici. Je suis l'interprète nommé par le roi.

LE ROI. Je le sais.

SIMON. Pour me préparer à cette réception qui me causait un effroi mortel, je viens d'aller voir l'ambassadeur de Perse, Méhémet Risabeg.

LE ROI. Ensuite?

SIMON. Ensuite, j'ai voulu causer avec lui.

LE ROI. Eh bien! monsieur, que vous a-t-il dit?

SIMON. Rien. Impossible de lui arracher d'abord une parole... j'ai recommencé... silence obstiné... enfin, voyant que je n'étais pas homme à céder la partie, pour se débarrasser de moi, il m'a débité une phrase... une phrase de persan!.. je ne sais s'il en faisait de pareilles à mon prédécesseur... enfin je n'y ai rien compris.

LE ROI. Comment?

SIMON. Je me suis dit d'abord : Je crois savoir le persan, est-ce que je ne le sais pas? Je le regardais avec un air stupéfait, et à mesure que je semblais perdre de l'assurance, mon homme en prenait.. si bien qu'au bout d'un moment, il s'est mis à parler... à parler... il n'y avait plus moyen de l'arrêter... ni de douter, monseigneur... Cet homme est un imposteur qui se joue du chancelier, des ministres, de la France, de tout le monde.

LE ROI. Que voulez-vous dire?

SIMON. Je vous déclare qu'il parle persan à peu près comme on parle turc dans *le Bourgeois Gentilhomme.*

LE ROI. Monsieur !..

SIMON. Je ne sais pas si vous connaissez, monseigneur, une comédie que j'ai lue et où des fripons se moquent...

LE ROI. Assez! la crainte vous a troublé l'esprit... ou votre ignorance peut-être...

SIMON. Mon ignorance !

LE ROI. Sans doute. Qui êtes-vous? D'où venez-vous? Qui vous a nommé?

SIMON. Le roi.

LE ROI. Il a eu tort. Qui lui répond que vous savez?

SIMON. Moi.

LE ROI. Vous !.. pour vous défendre...

SIMON. Moi, pour dire la vérité. Je suis timide, c'est vrai... je n'ai jamais rien demandé, pas même cette place d'interprète que vous semblez me reprocher, mais que je suis en état de remplir, monseigneur... oui, en état... Je sais le persan, moi, et très-bien. J'ai pu dire le contraire, parce que je n'aime pas à me vanter; mais, si on me soutient que je me trompe, si on vient me dire que j'accuse un autre de mensonge pour cacher mon ignorance, oh ! alors c'est tout différent, monseigneur, je reprends mon rôle.... je suis savant et très-savant, entendez-vous? Je sais le persan, et Risabeg ne le sait pas.... je suis un honnête homme, et Risabeg est un imposteur qui se moque du roi.

LE ROI. Se moquer du roi? Y a-t-il quelqu'un d'assez hardi pour insulter à ce point Louis XIV? Vous vous trompez, monsieur.

SIMON. Non, monseigneur.

LE ROI. Vous vous trompez... c'est le roi qui vous le dit.

SIMON. Le roi !.. Sire...

LE ROI, *à lui-même.* Oh ! cela est-il vrai?

SIMON. Sire, veuillez m'excuser.

LE ROI. Se moquer du roi ! avez-vous réfléchi à ce que vous avez dit? Qui aurait pu concevoir une telle pensée? Qui aurait médité un tel affront? mais, pour se jouer de lui, il aurait fallu tromper tous ceux qui ont sa confiance, ses ministres, ses enfans, son fils...

SIMON. Certainement... je n'avais pas songé...

LE ROI. Se jouer du roi !

SIMON. Sire, calmez-vous, ou vous me ferez mourir de douleur de vous avoir offensé... On vous aime, sire, on vous respecte trop... et ceux qui n'ont reçu de vous que des bienfaits... non, cela ne se peut pas... ce serait indigne... cette seule idée aurait dû me révolter..... je n'ai pensé à rien, je n'ai pas réfléchi......j'avais perdu l'esprit... mais maintenant je suis sûr... c'est moi qui me suis trompé.

LE ROI. Oh! leur jouet! leur jouet à tous deux !.. moi! moi ! trahi, outragé, livré par elle et par lui au mépris, à la honte !.. c'est infâme !

UN HUISSIER, *annonçant dans la coulisse.* M. le premier président... M. le maréchal de Villeroi... M. le duc d'Antin... M. le marquis de Torcy...

LE ROI. Déjà !..

L'HUISSIER, *dans la coulisse, pendant que la scène continue.* M. le maréchal de Villars... M. le marquis d'Effiat... M. le maréchal d'Harcourt...M. de Lamoignon... M. le marquis de la Vrillière... M. le duc d'Ossonne.

SIMON. Je n'ai jamais désiré cette place... et si l'on remettait cette réception...

LE ROI. La remettre !.. et pourquoi?.. rien n'est vrai dans ce que vous avez dit... la remettre! et le puis-je?.. la cour est là... elle attend... ce qu'on soupçonne peut-être, ce serait l'avouer.... non... non... vous remplirez cette place...

SIMON. Oui, sire.

LE ROI. Et gardez-vous de vous troubler.

SIMON. Oui, sire.

LE ROI. Votre serment d'être discret.

SIMON. Je le jure.

LE ROI. C'est bien !.. Leur jouet! leur jouet !.. oh! mon Dieu! vous posez parfois sur la tête des rois la couronne d'épines que vous avez portée.

SCENE XI.

LE ROI, Mme DE MAINTENON, LE DUC DU MAINE, LE COMTE DE TOULOUSE, LE CHANCELIER.

LE CHANCELIER. Sire, l'ambassadeur vient d'arriver au château, au milieu de la foule qui se presse pour le voir : on attend que votre majesté veuille bien donner l'ordre de l'introduire.

LE DUC. Ce jour est heureux pour tous ceux qui vous aiment.

Mme DE MAINTENON. Et qui s'intéressent à votre gloire.

LE ROI, *qui se contient à peine, s'adressant au comte de Toulouse, après avoir lancé un regard terrible à Mme de Maintenon et au duc du Maine.* Vous ne me félicitez pas comme votre frère, monsieur?

LE COMTE DE TOULOUSE. Sire, je n'ai pas ainsi que lui contribué à la pompe de cette ambassade solennelle : ma joie, cependant, ne le cède pas à la sienne, et si quelque chose seulement peut la troubler, c'est l'absence de ceux que leur rang appelle auprès de vous, et qu'on nous accusera, encore cette fois, d'avoir tenus éloignés de votre personne... (*Le roi lui serre la main.*) Votre majesté paraît souffrir ?

LE ROI. Oui... en effet, je ne me sens pas bien.

LE DUC. Sire, j'avais espéré que cette réception...

LE ROI. Cette réception, monsieur, elle n'aura pas lieu... je ne le veux pas... (*se reprenant*) je ne le peux pas...

Mme DE MAINTENON. Eh quoi ! 'sire, quand toute la cour est réunie !... songez que cela est impossible.

LE ROI, *à voix basse, et lui saisissant le bras.* Vous le voulez, madame ?... vous le voulez ?... Eh bien ! je suis prêt... (*Au chancelier.*) Faites ouvrir les portes... (*Au comte de Toulouse.*) Donnez-moi le bras, mon fils.

Tout le monde entre. On entend au dehors une musique militaire. Le roi se place sur le trône ; le duc du Maine et le comte de Toulouse sur les marches ; Mme de Maintenon dans un fauteuil ; Bosc et Coypel aux places désignées.

Mme DE MAINTENON, *à elle-même.* Nous sommes trahis !

Le roi a fait signe d'introduire l'ambassadeur.

Mlle DE CHAUSSERAIE, *à part.* C'est singulier ! le roi n'est plus le même.

SCENE XII.

LES MÊMES, MEHEMET RISABEG, *précédé de l'introducteur des ambassadeurs, et suivi de* SIMON, *et de* SIX SOLDATS PERSANS.

L'ambassadeur va se prosterner sur les marches du trône ; il y dépose quelques présens, puis il revient se placer à côté de Simon, auquel il remet un papier.

SIMON, *à lui-même.* Je n'ai pas une goutte de sang dans les veines.

Mlle DE CHAUSSERAIE, *de même.* Ce pauvre M. Simon est près de se trouver mal.

SIMON, *de même.* Obligé d'improviser !.. moi qui n'oserais pas faire un sermon... (*Il déploie le papier.*) Ah ! c'est en français..

LE CHANCELIER, *qui a passé à côté de lui.* Le dernier travail de Dipi.

SIMON, *lisant.* « Puissant empereur, » L'empereur de Perse, mon maître, le » souverain des souverains de l'Asie, le » soleil de l'Orient, m'a ordonné de venir » vers vous, qui êtes le plus grand et le » plus pieux des empereurs chrétiens, le » plus magnifique des rois de l'Europe, le » plus puissant en guerre, tant sur la terre » que sur la mer, toujours invincible, l'a- » mour de vos peuples et le modèle le plus » parfait de toutes les vertus. Il m'a chargé » de déposer à vos pieds ces présens, comme » un tribut qu'il doit à votre gloire, et il » regardera comme le plus heureux de son » règne le jour qui consacrera l'alliance de » deux si illustres monarques. »

LE ROI. Nous recevons l'hommage de celui qui vous envoie, et nous l'assurons à notre tour de notre amitié... L'interprète rendra notre réponse à l'ambassadeur, et je désignerai une audience de congé.

Il se lève.

Mme DE QUAILUS, *à Mlle de Chausseraie.* Comment, voilà tout ? le divertissement que je vous ai procuré n'a pas été long.

LE ROI, *au chancelier, en descendant les marches.* Que tout le monde se retire.

Mme DE MAINTENON. Votre majesté veut être seule?

LE ROI. Avec vous.

Tout le monde sort.

Mme DE QUAILUS. Le roi est souffrant.

Mlle DE CHAUSSERAIE. Je le crois... sortons, sortons, madame... (*A part.*) Que s'est-il donc passé?

LE DUC DU MAINE, *à Mme de Maintenon.* Je crains...

Mme DE MAINTENON, *bas.* Chez moi, dans une heure.

SCENE XIII.

LE ROI, Mme DE MAINTENON.

Mme DE MAINTENON. Attendons.

LE ROI, *après s'être assuré qu'ils sont bien seuls.* A genoux, madame !...

Mme DE MAINTENON. Sire, cette violence...

LE ROI. Moi, la fable de la cour, la risée de l'Europe !.. moi, votre jouet !.. à genoux !

Mme DE MAINTENON, *à part.* Qui peut l'avoir instruit?

LE ROI. Il a fallu me taire ! il a fallu dévorer cet affront en silence ! le nom que vous avez flétri, je le respecte encore, moi! mais ils ne sont plus là, nous sommes seuls, à votre tour, madame! ah! vous vous demandez comment la vie est rentrée tout-à-coup dans ce fantôme impuissant? comment sa volonté et non la vôtre fait mouvoir ce mannequin royal dont vous teniez les fils?... vous l'avez cru insensible et vous l'avez souffleté sur la joue..... mais l'outrage l'a ranimé, la pensée lui est revenue pour comprendre, la parole pour maudire, la main pour arracher le masque hypocrite qui couvre votre visage !

Mme DE MAINTENON. Sire, quand on m'accuse près de vous, vous oubliez vite un attachement de trente années; il est facile à mes ennemis de me rendre coupable, de m'imputer à crime toutes mes actions.

LE ROI. Niez-le donc... niez-le, si vous l'osez !

Mme DE MAINTENON. Pourquoi? l'ennui menait le roi au tombeau... nous avons voulu lui rappeler le souvenir de sa gloire passée... si c'est une faute et qu'elle soit indigne de pardon, le roi peut faire ouvrir les portes de cette salle et crier à haute voix dans le palais qu'il chasse sa femme et son fils.

LE ROI. Oui, j'ai fait de vous ma femme!.. et c'est là qu'est la peine éternelle ici-bas, comme elle le sera peut-être ailleurs, et vous avez choisi entre tous, pour en faire votre complice et me punir en lui, l'enfant de mes péchés, afin que l'expiation la plus dure suivît le scandale le plus grand... Dieu a fait deux parts de ma vie : l'une belle et glorieuse, telle que jamais homme n'en avait eu et n'en aura jamais ; il m'a étourdi du concert des louanges, du bruit des victoires, enivré de la fumée de l'encens.... alors vous êtes arrivée, madame, pour me faire ressouvenir par le malheur que j'étais homme... Devant vous, les louanges se sont tues, la victoire m'a quitté, tout s'est éteint, tout est devenu stérile, frappé de mort; mon peuple qui enfantait des grands hommes, et ma famille, ma seconde et ma plus belle couronne!.. et je reste seul maintenant, debout encore au milieu des tombeaux, vieil arbre dépouillé de ses rejetons, vieux roi oublié de ses sujets, vieux père frappé au front par son enfant dont vous conduisez la main... presque le dernier de ma race, seul avec vous, comme un coupable avec le remords qui le ronge!..

Mme DE MAINTENON. Sire!..

LE ROI. Je sais ce que vous voulez de moi... un testament qui assure votre pouvoir...

Mme DE MAINTENON. Qui sauve le royaume.

LE ROI. Je ne le ferai pas... j'accepte la lutte.

Mme DE MAINTENON. Je l'accepte aussi dans l'intérêt de la France.

LE ROI. Que Dieu veille sur elle... je ne le ferai pas !

Mme DE MAINTENON. Nous verrons !

Le roi reste atterré devant elle. La toile tombe.

ACTE TROISIÈME.

Le cabinet du roi. Portes au fond et à droite; petite porte à gauche.

SCENE PREMIERE.

LE ROI, Mlle DE CHAUSSERAIE.

Le roi est assis ; Mlle de Chausseraie sur un pliant, à côté de lui.

Mlle DE CHAUSSERAIE. Sire, vous ne m'avez pas encore parlé : ne trouverai-je aucun moyen de vous distraire ?

LE ROI. Il est des instants d'amertume, où la pensée, sur quelque objet qu'elle s'arrête, ne rencontre que le doute et le soupçon. Faut-il donc croire qu'il n'y a pas de cœur sincère ?

Mlle DE CHAUSSERAIE. Ce sont les méchans qui le disent, sire, pour faire les autres à leur image; mais il y en a.

LE ROI. Je l'ai cru autrefois : j'ai cru au respect, au dévouement, à l'amour... je n'y crois plus... Ah ! quand j'étais roi !

Mlle DE CHAUSSERAIE. Ne l'êtes-vous plus ?

LE ROI. On l'oublie.

Mlle DE CHAUSSERAIE. Et parce que vous

connaissez des ingrats, vous accusez d'ingratitude tous ceux qui vous approchent, sans exception !

LE ROI. Non ; tu es bonne, dévouée. Tout ce qui m'entoure a vieilli comme moi et avec moi ; les plus jeunes ont déjà vu fuir leurs belles années; tu es la seule ici qui repose mes regards, la seule dont le front soit resté pur comme celui de l'enfance. Tu apprendras un jour des secrets que les rois n'apprennent que bien tard , et alors, si quelque jeune cœur candide et plein d'espérance s'attache à toi pour te consoler, tu sauras quel charme a pour ceux qui sont vieux la jeunesse qui aime et respecte les vieillards, et tu te rappelleras qu'autrefois, toi, pauvre fille sans fortune, tu faisais au roi de France l'aumône d'un sourire.

Mlle DE CHAUSSERAIE. Ce que vous dites m'attendrit et me soulage en même temps. Je craignais que vous ne fussiez fâché contre moi. Tenez, sire, quand j'ai du chagrin, je ne le garde pas, cela m'étouffe. Je le conte vite à quelqu'un, et si je n'ai pas de confident, je me parle à moi-même, je me plains tout haut ; il me semble qu'une fois sorties du cœur, les plaintes n'y rentrent plus. Faites-en autant, sire. Vous êtes seul, il n'y a que moi..... Qu'est-ce qu'on vous demande encore ?

LE ROI. Ce que je ne puis accorder.

Mlle DE CHAUSSERAIE. Eh bien! dites : Je ne veux pas.

LE ROI. Je l'ai dit; mais tous les jours, à chaque instant, j'entendrai la même demande, et s'ils n'osent pas la répéter, je la lirai dans leurs regards. Ce qu'ils veulent de moi, c'est plus encore que je n'ai fait pour eux... un testament. Je le refuserai ; mais il faudra lutter quand je voudrais être tranquille ; je lutterai, mais ils me feront mourir de chagrin.

Mlle DE CHAUSSERAIE. Non pas ! Vraiment, sire, je voudrais être à votre place. Je dirais à mes héritiers : Chacun de vous aura ce qui lui revient selon son droit; la part que Dieu lui a faite, je ne me mêle pas d'y rien changer. Est-ce qu'on peut deviner ce qu'il y a au fond du cœur des hommes pour choisir les uns aux dépens des autres, pour ne pas se tromper entre les bons et les mauvais? Cela regarde la Providence, et c'est bien assez de songer au présent, sans s'inquiéter de l'avenir. Mourir de chagrin! Il serait beau voir ! autant vaudrait céder de bonne grâce. J'ai de la religion parce qu'elle me console; elle m'ordonne d'aimer les autres,

mais elle ne veut pas que je me fasse mourir pour les mettre d'accord. Vous avez été bien malheureux, sire ; mais enfin Dieu l'a voulu. Moi, quand j'ai des peines, je les lui offre ; je supporte mes souffrances avec résignation, et je le prie de me les faire oublier : après quoi, je vais rire et causer avec mes parens et mes amis. Faites de même, sire.

LE ROI. Oui, tu as des amis, des parens qui t'aiment. . moi... adieu, je suis faible, malade... je vous reverrai encore... adieu.

Elle le reconduit jusqu'à sa chambre.

SCENE II.

Mlle DE CHAUSSERAIE.

Pauvre roi ! comme il est triste ! comme on le tourmente ! Un testament!.. Si on le savait...

Elle va pour sortir par la petite porte à gauche.
Mme de Maintenon paraît.

SCENE III.

Mme DE MAINTENON, Mlle DE CHAUSSERAIE.

Mlle DE CHAUSSERAIE, *à part.* Madame de Maintenon!... Que lui dire? (*Haut, et en la saluant.*) Madame... (*A part.*) Je crois vraiment que j'ai peur.

Mme DE MAINTENON. Vous êtes troublée? remettez-vous. J'étais là, j'ai tout entendu , je sais tout; vous venez ici souvent, tous les jours même... le roi vous reçoit, il vous confie ses projets.

Mlle DE CHAUSSERAIE. C'est là l'explication que je me serais empressée de vous donner, madame, si votre franchise n'eût prévenu ma sincérité. Puisque vous êtes si bien instruite de ce qui justifie ma présence, je n'ai pas de reproches à craindre de votre part... la volonté du roi est mon excuse.

Mme DE MAINTENON. Ceux qui se cachent n'en manquent jamais quand ils sont découverts. Il y a un nom qu'on donne à certains confidens qui n'ont d'influence que par le soin qu'ils prennent de nuire aux autres ; ils peuvent être dangereux tant que le mystère dont ils s'enveloppent les protége ; une fois mis au grand jour, ils perdent leur importance, et on leur fait signe de sortir pour ne plus rentrer.

Mlle DE CHAUSSERAIE. C'est de moi que vous entendez parler, madame?

Mme DE MAINTENON. Vous en doutez?

Mlle DE CHAUSSERAIE. Moins que de l'agrément du roi, qu'il faudrait obtenir pour m'éloigner de lui.

Mme DE MAINTENON. Vous croyez qu'il ne le donnerait pas?

Mlle DE CHAUSSERAIE. Vous m'embarrassez beaucoup, madame : répondre oui, serait une impolitesse; et non, un mensonge.

Mme DE MAINTENON. C'est presque un défi.

Mlle DE CHAUSSERAIE. A Dieu ne plaise! J'aurais tout à craindre, madame, si j'étais une de ces personnes dont vous parliez ; mais, de toutes les faveurs que la bonté du roi pouvait m'accorder, je n'en ai désiré et obtenu qu'une seule, le titre d'amie.

Mme DE MAINTENON, *à part*. Elle me tient tête, et paraît bien compter sur sa faveur.

Mlle DE CHAUSSERAIE. Oui, le roi m'aime; il me le disait encore tout-à-l'heure, vous l'avez entendu, madame. On fait chasser un serviteur infidèle... certains confidens même... mais des amis, il est plus difficile de les séparer : le lien qui les unit, on ne le voit pas, comment le rompre? C'est un sourire, une parole triste ou joyeuse, la même pensée dans deux regards qui se devinent. Si mes visites sont mystérieuses, c'est le roi qui le veut; pourquoi? je l'ignore et ne cherche pas à le savoir : j'entre aujourd'hui secrètement; demain, s'il le faut, j'entrerai par la grande porte du château, car je n'ai rien à cacher, je suis l'amie du roi.

Mme DE MAINTENON. Il est fâcheux qu'une influence qui pourrait être si puissante se borne et s'arrête elle-même.

Mlle DE CHAUSSERAIE. Comment, madame?

Mme DE MAINTENON. Et que pouvant obtenir beaucoup, elle ne demande rien.

Mlle DE CHAUSSERAIE, *à part*. Comme elle se radoucit!

Mme DE MAINTENON. Un tel crédit, s'il était connu, serait souvent utile, nécessaire, et c'est montrer une grande réserve que ne pas chercher à l'employer.

Mlle DE CHAUSSERAIE. Je n'ai rien à solliciter.

Mme DE MAINTENON. Pour vous?

Mlle DE CHAUSSERAIE. Ni pour d'autres.

Mme DE MAINTENON. Je veux dire qu'il pourrait exister tels desseins qui auraient besoin d'un appui.

Mlle DE CHAUSSERAIE, *à part*. C'est une avance... mais veut-elle que je la devine ?

Mme DE MAINTENON. Et bien persuadée qu'ils n'ont pour but que les intérêts du roi, vous ne refuseriez pas de leur prêter le vôtre.

Mlle DE CHAUSSERAIE, *vivement*. Au contraire, madame.... je vous comprends à merveille..... Quels sont ces desseins, et que faut-il faire pour vous servir?...

Mme DE MAINTENON. Me servir !... je n'ai pas parlé de moi.

Mlle DE CHAUSSERAIE. Ah! mon Dieu! je vous demande pardon, madame, j'ai cru qu'il s'agissait de quelque chose que vous vouliez obtenir du roi... voilà comme je suis, si simple, que, de peur de le paraître, je me mets toujours l'esprit à la torture pour deviner une finesse où il n'y en a pas, et une arrière-pensée sous chaque mot.

Mme DE MAINTENON, *à part*. Elle me raille !

Mlle DE CHAUSSERAIE. Et j'ai pu me figurer que vous preniez des détours pour me parler de vous, et que vous aviez besoin de moi auprès de sa majesté! Comme je suis honteuse de ma sottise! je voudrais maintenant me vanter de mon crédit, que vous ne me croiriez pas. Non, madame, je n'en ai aucun : le roi qui me connaît m'écoute parler, un peu à tort et à travers, comme une folle, sans savoir ce que je dis; il me pardonne mes naïvetés en faveur de la bonne intention de le divertir.... Enfin mon bavardage l'amuse, voilà tout; mais, comme je craindrais d'être moins heureuse auprès de vous, madame, je vous demande la permission de vous quitter.

Mme DE MAINTENON. Je ne vous retiens pas.

Mlle DE CHAUSSERAIE, *à part*. Nous sommes encore moins bonnes amies qu'avant, mais du moins elle ne menace plus. (*Haut.*) Soyez aussi indulgente que le roi, madame, et ne prenez pas trop en pitié une pauvre fille qui, à défaut d'esprit, n'a, pour se faire aimer, qu'un dévouement profond et un cœur sincère.

Elle la salue et sort.

Mme DE MAINTENON, *seule*. Impertinente et dangereuse... Je m'en débarrasserai.

SCENE IV.

Mme DE MAINTENON, LE DUC DU MAINE.

Mme DE MAINTENON. Ah ! monsieur du Maine, vous voilà ! la personne que vous savez me quitte : Mme d'Angeau, que j'ai interrogée, m'a avoué qu'elle ne s'était jamais occupée de ce Simon... c'est Mlle de Chausseraie qui le protégeait... Avez-vous des renseignemens?

LE DUC. Oui, madame ; voici ceux que j'ai recueillis : elle a pour amant le chevalier d'Arcy, premier écuyer chez le neveu du roi.

Mme DE MAINTENON, *après un instant de réflexion.* Le ciel est pour nous, monsieur du Maine. A quelque prix que ce soit, il faut avoir aujourd'hui même, aujourd'hui, vous m'entendez, le plus tôt possible, de l'écriture de Mlle de Chausseraie... vous me la remettrez... je me charge du reste.

LE DUC. J'en aurai.

Mme DE MAINTENON. Il faudra aussi que quelques indiscrets à nos gages répandent le bruit d'un testament en votre faveur.

LE DUC. Un tel projet me semble dangereux : c'est jouer ouvertement une partie tenue secrète jusqu'à présent.

Mme DE MAINTENON. Notre jeu est connu... il faut l'abattre.

LE DUC. Le roi est toujours irrité?

Mme DE MAINTENON. Il n'a que nous autour de lui.... il faudra bien qu'il s'apaise. Le voici : rappelez-vous ce dont nous sommes convenus.

LE DUC. Je vous obéirai comme toujours, madame.

Mme DE MAINTENON. Et Simon?

LE DUC. On s'en occupe.

SCENE V.

LES MÊMES, LE ROI, LE CHANCELIER, Mmes D'ANGEAU ET DE QUAILUS.

Mme DE QUAILUS, *au roi.* Sire, mon frère ne sollicite plus qu'une faveur... celle d'être admis à remercier votre majesté.

LE ROI. Qu'il demande une audience, je le recevrai. (*A Mme de Maintenon.*) Vous m'attendiez, madame? (*Elle le salue sans répondre.*) Vous aussi, monsieur du Maine? (*Le duc s'incline de même. A part.*) Ils gardent le silence l'un et l'autre..... l'embarras..... le remords peut-être..... (*Haut, après avoir regardé autour de lui.*) Comment ! Bloin n'a pas fait son service

ordinaire ? pas de table de jeu? (*A Mme de Quailus.*) Il s'est souvenu, madame, que vous m'aviez ruiné !... Allons, monsieur du Maine, c'est sur vous, sur votre esprit, que nous nous reposons pour animer cette réunion.

Mme D'ANGEAU, *bas à Mme de Quailus.* Le roi aime toujours les anecdotes.

LE ROI. Je ne sais si la charité chrétienne n'y perd pas un peu; mais j'avoue qu'une histoire piquante, bien racontée, a toujours eu du charme pour moi, et aujourd'hui je me sens disposé...

Mme DE QUAILUS. C'est un bonheur pour moi, sire, d'avoir reçu ce matin la visite de la marquise de Montaigu : j'ai appris de sa bouche l'histoire la plus plaisante qui se puisse imaginer.

Mme D'ANGEAU. Ceci me rappelle que j'en sais une telle que, sauf la manière de la dire, je ne crains pas qu'une autre puisse lui faire tort.

LE ROI. A merveille ! nous n'avons pas à craindre que la tristesse nous gagne. (*Il s'assied, tout le monde en fait autant.*) Allons, qui commence? monsieur du Maine... *Après un instant de silence.*) Pas de réponse..... encore !... (*Haut.*) Nous vous écoutons.

LE DUC. Sire, je n'ai rien à dire.

LE ROI. Quoi ! votre mémoire ne vous fournit rien?

LE DUC. Non, sire.

LE ROI, *avec amertume.* C'est fâcheux : vous nous privez d'un double plaisir; de vous entendre d'abord... (*se retournant vers Mme de Maintenon*) et ensuite d'applaudir aux spirituelles remarques dont madame accompagne ordinairement ce que vous racontez. (*Mme de Maintenon continue de travailler sans répondre au roi. A part.*) Elle aussi ! (*Les deux dames se regardent d'un air inquiet et surpris. Haut à Mme de Maintenon.*) Mais peut-être voudrez-vous bien nous dédommager en parlant la première?

Mme DE MAINTENON. Excusez-moi, sire.

LE ROI, *à part.* Un refus encore !... C'est un parti pris... Ah !...

Mme DE QUAILUS, *à part.* Il fallait redevenir triste !... Et moi qui me suis avancée !...

LE ROI. Voyons, mesdames... je vous attends.

Mme D'ANGEAU, *vivement.* Mme de Quailus paraissait tellement certaine de distraire votre majesté...

Mme DE QUAILUS. Pardon, c'est Mme d'Angeau, et je...

Mme D'ANGEAU. Sire...

LE ROI. Je n'insiste pas... Il paraît que tout le monde ici doit se taire. Si pourtant quelqu'un ne craint pas de tomber en disgrâce, qu'il prenne la parole... (*Un silence. A part.*) Rien... rien !.. Voilà donc ce qui m'attend tous les jours !... la ruse et le mensonge leur échappent... ils essaient de l'audace et de la violence... tous les jours !... (*Se tournant vers le chancelier.*) Les gazettes, monsieur ?...

LE CHANCELIER. Sire... je ne les vois pas...

LE ROI. Vous les apportez ordinairement... (*Il sonne. A part.*) Condamné à ne plus voir autour de moi que des visages contraints et tristes, des regards glacés, jusqu'à ce que je cède !... (*Il sonne de nouveau.*) Personne quand j'appelle ! (*Il sonne. Se levant.*) Quoi ! pas même un valet pour me servir !... (*Au chancelier.*) Dites qu'on vienne, monsieur, je le veux !... (*Le chancelier va à la porte du fond.*) Ils ne m'épargneront aucun outrage... Nous verrons, a-t-elle dit? eh bien ! oui, nous verrons ! (*Le chancelier revient avec des papiers à la main.*) Quels sont ces papiers ?...

LE CHANCELIER. Sire, voici la gazette de Hollande.

LE ROI. Lisez.

LE CHANCELIER, *parcourant le journal.* Des nouvelles politiques sans intérêt, où le nom de votre majesté n'est pas prononcé.

LE ROI. Ne contient-elle rien de plus ?

LE CHANCELIER. Un article extrait d'un journal anglais. (*Le roi lui fait signe de lire.*) « Il s'est passé hier...» (*Au roi.*) L'article est du douze de ce mois d'août. « Il s'est » passé hier, à la taverne du Grand-Ami- » ral, un fait assez curieux et qui prouve » à quel degré nos compatriotes poussent » la fureur des paris. Ce n'est plus assez » pour eux d'engager de grosses sommes » sur la vitesse d'un cheval ou la vigueur » des poings d'un boxeur, ils spéculent » maintenant sur les chances incertaines » de l'avenir, et comme si la vie n'avait pas » assez de hasards, c'est à la mort qu'ils » s'adressent. Deux capitaines de vaisseaux » marchands ont parié cent guinées... » l'un... » (*s'arrêtant*) l'un... que... « ont » parié... »

LE ROI. Eh bien ?...

LE CHANCELIER. Pardon, sire.....je n'avais lu que les premières lignes.... et je prie votre majesté de me dispenser...

LE ROI. Continuez...

LE CHANCELIER. Sire, je ne puis...

LE ROI. Donnez.

LE CHANCELIER. Sire...

LE ROI. Donnez. (*Il prend le journal. Lisant.*) « Ont parié cent guinées : l'un, » que Louis XIV vivrait encore jusqu'à » l'automne, l'autre qu'il ne passerait pas » les premiers jours de septembre.» N'est-ce que cela ?... Les Anglais n'ont pas la main heureuse contre moi. (*Froissant le journal.*) Je donnerai un démenti aux prophètes du Grand-Amiral... et à ceux qui, peut-être, partagent leurs espérances... (*Après un silence, à part.*) Pas un mot !.... (*Haut.*) Je ne retiens personne..... qu'on me laisse !.. (*A part.*) Oh ! leur vue me fait mal.

LE DUC, *bas à Mme de Maintenon, en sortant.* Je crains que ce moyen ne réussisse pas.

Mme DE MAINTENON, *de même.* Essayez de l'autre.

Mme DE QUAILUS, *bas à Mme d'Angeau.* En vérité, on ne sait plus quelle contenance prendre.

Mme D'ANGEAU. Cela devient très-embarrassant.

Tout le monde sort.

SCENE VI.

LE ROI, *seul.* Ils ne craignent rien !.. respect, reconnaissance, amour, ils foulent tout aux pieds... Voilà la récompense qu'ils me gardaient !... Ah ! je les ferai repentir...

SCENE VII.
LE ROI, Mlle DE CHAUSSERAIE.

Mlle DE CHAUSSERAIE, *accourant par la petite porte.* Ah ! sire !... sire !... je me jette à vos pieds.

LE ROI. Relevez-vous.

Mlle DE CHAUSSERAIE. Vous ignorez ce qui se passe..... Vous le protégerez... On ne vous a rien dit contre moi, n'est-ce pas ?

LE ROI. Calmez-vous !... ce trouble...

Mlle DE CHAUSSERAIE. Oui, je suis toute troublée, si tremblante que je vous parle de moi au lieu de vous dire ce qui m'amène; mais je sens que je me remets... Oh ! j'avais si peur de ne pouvoir arriver jusqu'à vous ! Si vous saviez, sire !...

LE ROI. Enfin !..

Mlle DE CHAUSSERAIE. Il n'a pu vous offenser, il est innocent..... il n'a que moi pour le défendre, et moi-même je suis menacée... car j'ai été surprise ce matin... Ce n'est pas ma faute, sire, je m'en allais, Mme de Maintenon est entrée et... Allons, voilà que je brouille encore dans ma tête ce que je veux vous dire... elle ne vous a pas parlé? Vous m'aimez toujours?

LE ROI. Toujours, mon enfant... mais expliquez-vous.

Mlle DE CHAUSSERAIE. Oui, sire, maintenant c'est fini. Je ne vous parle plus de moi, mais de Simon.

LE ROI. Que lui est-il arrivé?

Mlle DE CHAUSSERAIE. On veut l'arrêter.

LE ROI. Lui!

Mlle DE CHAUSSERAIE. Le conduire à la Bastille.

LE ROI. Qui a donné cet ordre?

Mlle DE CHAUSSERAIE. Vous... c'est-à-dire ceux qui s'appellent vous quand vous n'en savez rien... On le cherche, il a pu échapper : c'est un miracle.

LE ROI. Où est-il?

Mlle DE CHAUSSERAIE. Ici... tout près... je l'ai laissé entre les mains de Bloin, et je ne le croirai en sûreté que quand je le verrai auprès de vous.

LE ROI. Faites-le venir.

Mlle DE CHAUSSERAIE, *courant à la petite porte.* Monsieur Simon!

LE ROI. Ils voulaient le punir de m'avoir dit la vérité.

Mlle DE CHAUSSERAIE, *revenant près du roi.* Il monte. Que vous êtes bon, sire!

LE ROI. Écoutez-moi, à votre tour. Je n'ai que vous, mon enfant, et je vous demande aussi un service, moi.

Mlle DE CHAUSSERAIE. Que voulez-vous?

LE ROI. Une preuve de dévouement : il s'agit de mon repos, de ma vie.

Mlle DE CHAUSSERAIE. Parlez donc vite, sire.

LE ROI. Rendez-vous sans retard chez les princes du sang : dites-leur que je veux les voir.

Mlle DE CHAUSSERAIE. Vous, sire!

LE ROI. Oui, je veux les voir... je brise enfin le joug que je me suis imposé... j'ai une famille, je veux voir ma famille... vous me rapporterez leur réponse... je l'attends... Allez, mon enfant, et songez que chaque minute est un siècle pour moi.

Simon entre et se tient au fond.

Mlle DE CHAUSSERAIE. Vous me reverrez bientôt.

LE ROI. Partez... il n'y a que vous à qui je puisse me confier.

Mlle DE CHAUSSERAIE. Oui, à moi toujours... jamais à d'autres. Adieu, sire.

SCENE VIII.
LE ROI, SIMON.

SIMON, *à lui-même.* Cette dame qui me laisse là, tête-à-tête avec le roi... je ne sais où me mettre.

LE ROI, *se promenant avec agitation.* Ils m'y ont forcé, je me rapprocherai de ceux que je n'aurais jamais dû éloigner.

SIMON, *à part.* Avec ça que ma présence n'a pas l'air de lui être agréable.

LE ROI *s'assied, puis il se retourne vers Simon.* Remettez-vous, monsieur.

SIMON. Votre majesté est trop bonne de s'occuper de moi. Je suis à mon aise, parfaitement à mon aise, sire... (*Le roi lui fait signe d'approcher.*) Et je vous assure... (*Simon laisse tomber son chapeau.*) Pardon, sire... La vérité est, que je ne sais ni ce que je dis ni ce que je fais... je suis troublé à un point !..

LE ROI. Votre frayeur est naturelle, monsieur, après ce qui est arrivé. (*A lui-même.*) Oh! je me tirerai de leurs mains. (*Après un silence, à Simon.*) Mes paroles se ressentent malgré moi de l'état de mon ame; croyez cependant que mon désir serait de les rendre assez bienveillantes pour qu'elles vous fissent oublier ce qui vient de se passer. Vous êtes pauvre, monsieur?

SIMON. Sire, j'ai de quoi vivre... en province il en faut si peu! en Bourgogne principalement; tout y est pour rien.

LE ROI. Quel rang tenez-vous dans l'église?

SIMON. Je suis simple prêtre, sire... depuis 1666 : voilà quarante-neuf ans. Ça commence à être ancien.

LE ROI. Le service que vous m'avez rendu, quelque pénible qu'il ait été, n'en mérite pas moins une récompense. Je vois si peu de gens qui ne soient intéressés à me tromper! Ma protection vous est acquise : vous resterez à Paris, et, s'il est une faveur que vous ayez ambitionnée, quelle qu'elle soit, demandez-la moi, vous l'aurez.

SIMON. Eh bien! sire, tenez! puisque vous êtes si bon et que vous me voulez tant de bien, je vais vous dire tout ce que j'ai dans le cœur. Il y a en effet une grâce que je vous prie de m'accorder.

LE ROI. Laquelle?

SIMON. Celle de me permettre de retourner dans mon village.

LE ROI, *vivement.* Vous reste-t-il encore des craintes, monsieur, quand le roi vous assure sa protection?

SIMON. Non, sire, non, je vous le jure; mais toutes les faveurs que vous daignerez m'accorder ne remplaceront pas ce qui me manque. C'est ma faute, vous n'y pouvez rien. J'ai une famille, sire, qui me rendait très-malheureux, c'est vrai. J'ai voulu m'en séparer; j'ai cru que j'en aurais la force, et je la regrette maintenant au point de ne pouvoir me passer d'elle. Il y a peut-être de la honte à l'avouer; mais qu'est-ce que vous voulez? c'est comme cela. Les figures qui m'entourent ne sont plus celles que je voyais depuis trente ans... et se faire à de nouvelles, quand on est vieux!.. J'ai pour les gens qui m'ont accueilli une reconnaissance profonde; mais, quoi que j'aie pu faire, ceux que j'ai quittés me sont restés chers... Et puis, voyez-vous, sire, quand je ne les aimerais pas comme je les aime, à mon âge, l'habitude est un sentiment qui tient lieu des autres, qui est aussi impérieux que tous; on voudrait en vain s'y soustraire : on l'essaie comme moi... on fait un coup de tête..... on s'en repent comme moi.

LE ROI, *extrêmement agité.* Monsieur... monsieur, vous avez d'autres parens, sans doute?

SIMON. Avec lesquels je n'ai pas vieilli, sire. Pourquoi penser, d'ailleurs, que leur attachement pour moi sera plus sincère que l'affection de ceux qui vivent de mes bienfaits? Il y aura là d'autres intérêts qu'il me faudra ou servir ou combattre, voilà tout. A quoi bon?.. Ah! si j'avais des enfans!..

LE ROI, *se levant avec violence.* Assez, monsieur! c'est une comédie! Qui vous a dicté votre rôle?

SIMON. Mon rôle, sire? mais personne... mais je n'en ai pas... J'ai eu assez de résolution pour faire un coup de tête, et je n'ai pas assez de caractère pour le soutenir, voilà tout... Après ça, je crois qu'à mon âge cela arrive toujours ainsi... c'est mon opinion. Je sais bien que quand ils me reverront ils seront plus sûrs que jamais de leur empire; eh bien! je leur abandonnerai ce qu'ils demandent. S'il m'était permis de revenir en arrière, tout cela ne serait pas ainsi; mais je l'ai voulu, je dois me soumettre et courber la tête. Que me faut-il à présent? du repos et quelques gens autour de moi, qui m'aident à finir cette vie que le ciel a daigné m'accorder si longue.

LE ROI, *retombant pensif dans son fauteuil.* Ah!

SIMON, *à lui-même.* C'est étonnant comme il a l'air de prendre tout cela à cœur. (*Haut.*) Que votre majesté pardonne à ma faiblesse et à mon âge.

LE ROI. C'est bien, monsieur... c'est bien.

SIMON, *à lui-même.* Ah! mon Dieu! je parle toujours de mon âge, et je m'aperçois que le roi est plus vieux que moi.

SCENE IX.

LE ROI, SIMON, L'HUISSIER, *puis* LE DUC DU MAINE.

L'HUISSIER. Sire, monseigneur le duc du Maine demande avec instance à voir votre majesté.

LE ROI. Lui!... (*Péniblement.*) Qu'il entre.

SIMON, *à lui-même.* Je ne serais pas fâché de n'être plus seul avec le roi.

LE ROI, *au duc du Maine, qui entre.* Monsieur, voici une personne dont on a osé menacer la liberté à mon insu. Ce qu'on lui reproche est un titre à ma reconnaissance. Je mets cet homme sous votre sauve-garde, et vous rends responsable de ce qui lui arrivera. (*A Simon.*) Restez au château, monsieur... je vous reverrai.

SIMON, *saluant.* Sire... (*A part, en sortant.*) Je ne serais pas étonné d'avoir commis quelque maladresse.

Il sort.

SCENE X.

LE ROI, LE DUC.

LE ROI. Que me voulez-vous, monsieur?

LE DUC. Sire, je viens implorer mon pardon de votre majesté.

LE ROI. Votre pardon, monsieur? vous ne vous êtes pas flatté de l'obtenir. J'en aurais un aussi à demander à Dieu..... non..... non... restons tous deux sous le poids de nos fautes.

LE DUC. Sire... vous m'aimiez tant!

LE ROI. Oui... dites-vous au fond du cœur : il me chérissait entre ses enfans; il m'a préféré aux autres, et, aidé de celle qui lui devait tout, comme moi, j'ai rempli d'amertume ses dernières années; je l'ai fait descendre au tombeau triste et désabusé... Mais vous ne vous direz cela ni l'un ni l'autre... Ingrats... ingrats, tous deux !

LE DUC. Que Dieu vous pardonne ces injustes reproches, sire ! Celui qui doit monter après vous sur le trône est encore au berceau: moi, qui ai vu mourir, en deux années, et son père, et sa mère, et ses frères, et son oncle, et son aïeul; moi, devant qui vous avez pleuré si amèrement ces générations sorties de vous, mortes avant vous, j'ai tremblé pour l'unique rejeton de votre race légitime : j'ai voulu écarter de lui le poison, comme je l'ai écarté de vous pendant vingt ans. J'ai ambitionné la régence: il.est des droits que vous n'osez méconnaître, quelque dangereux qu'ils vous paraissent; j'ai espéré que ce que vous refusiez au repos de l'état, vous l'accorderiez à votre tendresse pour moi. Voilà mon crime, sire.

LE ROI. Assez, monsieur... assez !

LE DUC. Et maintenant encore, c'est pour votre petit-fils que je vous implore, pour sa vie. Ne pensez plus à moi, mais laissez-en la garde en des mains loyales et sûres. Ce sera ma récompense, ma consolation. Vous m'avez aimé, je l'ai mérité, peut-être : ne repoussez pas ma prière, je vous en supplie par la tendresse que vous aviez pour moi.

Mme DE MAINTENON, *qui est entrée depuis quelques instans.* Et je le demande à genoux, au nom de la France!

●●●●●● >●● ●●●●●● ●●●●●● >●● ●●●●● ●●●●●● ●●● ●●●

SCENE XI.

LE ROI, LE DUC DU MAINE, Mme DE MAINTENON.

LE ROI. Vous aussi, madame! vous !.. Laissez-moi!

Mme DE MANTENON. Je demande l'autorité pour M. du Maine, parce que les jours du jeune roi ne seront en sûreté que s'il peut en répondre.

LE ROI. L'autorité... après moi... Oui, c'est cela que vous voulez tous deux... Une dernière usurpation qui assure les autres..... qui vous perdrait, aveugles que vous êtes !

Mme DE MAINTENON. Hélas! il mourra donc comme toute sa race.

LE ROI. Madame...

Mme DE MAINTENON. Elle est anéantie, il reste seul... Ceux qui ont tué le père tueront le fils... vous l'aurez voulu... que Dieu vous juge et vous pardonne !

LE ROI. Mon enfant !.. Cette affreuse prédiction, vous la faites peser sur moi! vous me rendez garant de sa vie!.. ah! que vous savez bien ce que vous dites ici!.. Vous êtes sans pitié, madame!.. Mon enfant!.. Vous abusez de la faiblesse d'un vieillard pourlui arracher ce qu'il refuse... Je ne vous crois pas, non..... et pour tant si cela arrivait !.. Soyez contente... vous m'avez attaché au cœur un serpent qui le ronge... (*Montrant le duc.*) Lui aussi! lui! il est venu jeter ce doute affreux dans l'ame de son père. Le passé m'épouvante maintenant, je n'ose envisager l'avenir: je ne vous crois pas, et j'ai peur... Il ne sera pas dit que j'aurai pu lutter avec vous... il faut me soumettre... Eh bien! je cède, je cède... êtes-vous satisfaits? (*Sonnant.*) Cela est horrible... cela est infâme. (*A l'huissier qui entre.*) Le chancelier! le premier président!..

LE DUC. Sire...

LE ROI. Vous l'avez voulu tous deux... que Dieu vous juge à votre tour ! (*Écrivant.*) « Au lieu d'un régent, un conseil de » régence qui ne laisse qu'un vain titre au » premier prince du sang, et donne le » pouvoir au duc du Maine... » Est-ce assez, monsieur ? (*Continuant.*) « Au duc » du Maine la garde du jeune roi. » Vous en répondrez à la France et à Dieu..... Est-ce assez ? (*Continuant.*) « Le com» mandement de ma maison, civile et » militaire, c'est-à-dire toute l'autorité de » la régence, au duc du Maine... » Est-ce assez? est-ce assez?

LE DUC, *ployant le genou.* Sire, c'est à votre amour que j'aurais voulu devoir tout cela.

●●●●●●●●●▬●●●●●●●●●●●●●●●●●●●●●●●●●●●●●●●●

SCENE XII.

LE ROI, Mme DE MAINTENON, LE DUC DU MAINE, Mlle DE CHAUSSERAIE, *entrant par la petite porte.*

Mlle DE CHAUSSERAIE, *à part.* Mme de Maintenon! (*Haut.*) Pardonnez-moi, sire : je suis bien audacieuse d'entrer ainsi sans que vous m'ayez fait appeler.

Mme DE MAINTENON. Ce sont les princes du sang qui vous envoient, mademoiselle? et quel est le message dont vous êtes chargée ?

Mlle DE CHAUSSERAIE, *d'un air digne.* C'est à sa majesté que je dois le rendre.

LE ROI. Dites-le donc tout haut, puisque madame veut le savoir.

Mlle DE CHAUSSERAIE. Sire, les princes attendent avec impatience le moment où ils pourront se jeter aux pieds de votre majesté; mais, afin que vous les reconnaissiez dignes de votre amour, ils vous supplient, sire, de permettre qu'un procès éclatant confonde les calomnies dont on les a noircis, et, s'il est dans leur vie une seule action que l'on puisse traiter de criminelle, ils abandonnent à votre justice et leur rang, et leur titre, et leur tête.

LE ROI, *qui a laissé tomber la plume*, *à Mme de Maintenon et au duc.* Vous entendez?

LE DUC, *bas à Mme de Maintenon.* Le roi hésite.

Mme DE MAINTENON, *à Mlle de Chausseraie.* Vous pouvez mieux que personne juger de la sincérité de leurs sentimens, car depuis long-temps ils vous sont connus.

Mlle DE CHAUSSERAIE. A moi, madame?

Mme DE MAINTENON, *au roi.* Lisez cette lettre, sire, elle vous instruira plus que mes paroles.

LE ROI, *lisant.* « Au chevalier d'Arcy. » Rien de nouveau, mon ami, depuis » mon dernier billet. Le roi n'a causé » que d'affaires indifférentes. Je tâcherai » de le faire parler, car je crois qu'il » se passe quelque chose. L'avenir pour- » rait bien nous échapper. Dites aux » princes d'être prêts à tout événement, » et de protester toujours de leur sou- » mission. Fiez-vous à mon zèle pour » vous tenir au courant des confidences du » roi, et à mon adresse pour éloigner ses » soupçons. »

Mlle DE CHAUSSERAIE. Qui a écrit cela?

Mme DE MAINTENON. Vous.

Mlle DE CHAUSSERAIE, *d'un air d'incrédulité.* Vous voulez m'éprouver, madame. (*Le roi lui tend la lettre.*) Mon écriture!.. c'est un faux! un faux!

Mme DE MAINTENON. Vous osez...

Mlle DE CHAUSSERAIE. Oui, c'est un faux, madame! d'ailleurs, cela est visible. Une pareille lettre! est-ce que je pourrais l'écrire? est-ce que je trahirais le roi? est-ce que je suis une infâme, moi? Ceux qui ont ourdi contre moi cette trame, à la bonne heure! ceux-là sont capables de pareilles noirceurs.

Mme DE MAINTENON. Qui sont-ils?

Mlle DE CHAUSSERAIE, *comprimant un mouvement involontaire.* Je ne sais, madame; mais je les hais bien, je les méprise bien! Sire, vous me connaissez... jugez-moi.

LE ROI, *profondément accablé.* Que je lise dans les cœurs! que je distingue la vérité du mensonge, et le visage du masque! non, ne me demandez pas cela. Je ne vois rien, je n'approfondis rien, je ne sais rien.

Mlle DE CHAUSSERAIE. Qu'est-ce donc, sire? voilà que vous doutez de moi maintenant?.. O mon Dieu! qu'est-ce que j'ai fait? vous me soupçonnez?.. moi!.. moi! qui vous suis si dévouée!.. (*Sanglotant.*) Vous êtes injuste, sire! bien injuste et bien cruel de m'abandonner ainsi... Je ne devais pas m'y attendre... C'est que je suis innocente, sire!.. Ah! voilà donc pourquoi des bruits de testament ont été répandus tout-à-coup chez les princes! Il fallait m'accuser d'indiscrétion et de perfidie! Un complot contre une pauvre fille sans influence... qui ne tient à personne... qui ne fait de mal à personne! tant de peine pour si peu! Adieu! sire! je vous aime toujours... (*A Mme de Maintenon.*) Ah! je vous plains, madame.

Elle sort.

LE ROI, *avec un sentiment profond de douleur.* Allons! il faut accepter le sacrifice jusqu'au bout.

∞∞∞∞∞∞∞∞∞∞∞∞∞∞∞∞∞∞∞∞∞∞∞∞

SCENE XIII.

LE ROI, Mme DE MAINTENON, LE DUC DU MAINE, LE CHANCELIER, LE PREMIER PRÉSIDENT.

LE ROI, *au chancelier et au premier président, qui viennent d'entrer par la porte de droite.* Je vous ai fait appeler, messieurs, pour que vous entendiez de ma bouche l'expression de ma volonté. Ma santé s'affaiblit de jour en jour. Dieu me fera bientôt la grâce de me rappeler à lui. Voici mon testament. Il ne sera ouvert qu'après ma mort, en présence des pairs assemblés. L'exemple des rois mes prédécesseurs et celui du testament du roi mon père ne me laissent pas ignorer ce que celui-ci pourra devenir; mais on l'a voulu, on m'a tourmenté, on ne m'a laissé ni paix ni trève, quoi que j'aie pu dire. Oh! bien! j'ai donc acheté mon repos. Le voilà, emportez-le, il deviendra ce qu'il pourra; au moins j'aurai patience, et je n'en entendrai plus parler.

LE DUC. Sire...

LE ROI, *au duc et à Mme de Maintenon.* Laissez-moi... laissez-moi...

Ils sortent tous, le chancelier et le premier président par le fond, le duc et Mme de Maintenon par la porte de droite.

SCENE XIV.

LE ROI, *puis* BLOIN.

C'est la dernière faute, oh! mon Dieu!.. la faute inévitable après toutes les autres, le châtiment du scandale que j'ai donné au monde!.. cela est juste, et je me courbe sous votre volonté... Hélas! le moment n'est pas loin où je paraîtrai devant vous, je le sens... vous m'avez frappé de mort... alors je vous crierai miséricorde, Seigneur, et je me trouverai bien coupable, car je vous ai bien offensé... Pardonnez-leur, à eux... Ah! Bloin! Bloin! (*Il s'est traîné vers la table et a sonné. A Bloin, qui entre.*) Je vous ai rappelé... parce que... Dieu!... Dieu!.... ayez pitié!.. ah!

Il tombe dans un fauteuil.

BLOIN. Au secours! au secours!... (*A un des domestiques qui entrent.*) Chez le premier médecin!.. chez le grand aumônier!.. du monde à l'instant!... (*A un autre.*) Courez chercher Mme de Maintenon.... dites-lui qu'elle vienne... dites-lui que le roi se meurt!.. (*Revenant près du roi.*) Ses mains sont glacées... il ne respire plus... O mon maître!.. mon bon maître!... (*A Simon, qui entre.*) Venez, venez, monsieur.

SIMON. Il n'y a personne au château, on n'a trouvé que moi, et je m'empresse...

BLOIN. Puissent vos prières le rendre à la vie!

SIMON. O mon Dieu! accordez-lui le temps de reconnaître ses fautes et de s'en repentir.

BLOIN. Il respire!.. il rouvre les yeux!.. Sire... sire... revenez à vous!..

LE ROI. Seigneur!.. ayez pitié de moi!.. j'ai cru que tout était fini... Mme de Maintenon... mes enfans... ils ne sont pas là?.. Vous, Bloin!.. et vous, mon père!.. ah! je suis heureux de vous revoir... vous êtes accouru le premier... comme vous le feriez au chevet du pauvre... merci.

SIMON. Sire, celui qui apporte des paroles de consolation n'a pas le droit de les faire attendre.

LE ROI. Mais les autres?... ils ne savent donc rien?.. ils me laissent seul... hélas! mon fils est mort plus solitaire et plus abandonné... et je l'ai souffert!... il n'a pas eu un ami pour l'assister à ses derniers momens... j'en ai deux.

Mlle DE CHAUSSERAIE, *qui vient d'entrer, s'agenouillant près de lui.* Et moi, sire!..

LE ROI. Vous!.. vous!..

Mlle DE CHAUSSERAIE, *avec des larmes.* C'est que je ne vous ai pas trahi, sire!

LE ROI. Me trahir!.. toi!.. que je n'ai pas défendue, et qui viens m'aider à mourir?.. ô ma fille!..

Mlle DE CHAUSSERAIE. A la bonne heure! voilà que vous ne le croyez plus!

LE ROI. Mme de Maintenon ne vient pas?

SIMON, *bas à Bloin.* Courez la chercher, monsieur.

BLOIN. J'y vais... j'y vais.

Il sort par la droite.

LE ROI. Tu as été la dépositaire de mes peines, ma consolation.

Mlle DE CHAUSSERAIE. Mais je le serai encore, sire, puisque vous ne m'en croyez plus indigne.... Mon Dieu! vous nous parlez toujours comme si vous alliez nous quitter... mais cela n'arrivera pas... vous m'effrayez aussi!.. je pleure... pardon... je ne sais pas pourquoi je pleure.

LE ROI. Ne retiens pas tes larmes..... elles ne me diront rien que je ne sache.

Mlle DE CHAUSSERAIE, *sanglotant.* Ah! ne les croyez pas, sire!

LE ROI. Elles sont sincères celles-là... je les vois couler... les autres, je les attends.

SIMON, *à Bloin, qui rentre consterné.* Eh bien! monsieur?..

BLOIN. Mme de Maintenon est partie pour Saint-Cyr.

LE ROI, *accablé.* Déjà!.. allons, cela devait être... le coupable expire... le châtiment disparaît avec lui.

SIMON. Sire, c'est la dernière épreuve... courbez-vous sous la main de Dieu.

Mlle DE CHAUSSERAIE. Et attendez tout maintenant de sa bonté, qui est infinie.

FIN.

PARIS. — IMPRIMERIE DE Ve DONDEY-DUPRÉ, RUE SAINT-LOUIS, AU MARAIS.